丛书编委会

大家精要
典藏版丛书

简读

维特根斯坦

丁大同　著

陕西师范大学出版总社　西安

图书代号　SK24N1800

图书在版编目（CIP）数据

简读维特根斯坦 / 丁大同著 . — 西安：陕西师范
大学出版总社有限公司，2024.9
（大家精要：典藏版 / 郭齐勇，周晓亮主编）
ISBN 978-7-5695-4187-8

Ⅰ . ①简… Ⅱ . ①丁… Ⅲ . ①维特根斯坦
（Wittgenstein，Ludwig1889-1951）—人物研究
Ⅳ . ① B561.59

中国国家版本馆 CIP 数据核字（2024）第 027811 号

简读维特根斯坦
JIAN DU WEITEGENSITAN

丁大同　著

出 版 人	刘东风
策划编辑	刘　定　陈柳冬雪
责任编辑	张　姣
责任校对	陈柳冬雪
封面设计	龚心宇　张潇伊
出版发行	陕西师范大学出版总社
	（西安市长安南路 199 号　邮编 710062）
网　　址	http://www.snupg.com
印　　制	深圳市福圣印刷有限公司
开　　本	889 mm × 1194 mm　1/32
印　　张	6.625
插　　页	4
字　　数	107 千
版　　次	2024 年 9 月第 1 版
印　　次	2024 年 9 月第 1 次印刷
书　　号	ISBN 978-7-5695-4187-8
定　　价	49.00 元

目录

1

第1章

富 豪 之 子

人们应该将生活中的美好时刻看作恩惠，怀着感激的心情去享受它们。在其他的时候则采取较为漠然的态度。

——维特根斯坦

阴影下的童年

1889 年 4 月 26 日，路德维希·维特根斯坦出生于奥地利维也纳的一个犹太富豪家庭。父亲卡尔·维特根斯坦是奥地利钢铁大王，母亲利奥泊尔第是维也纳银行家的女儿，笃信罗马天主教，他也受洗为天主教徒。维特根斯坦是八个孩子中最小的一个，有四个哥哥，汉斯、库特、鲁道夫和保罗，三个姐姐，海尔曼、玛格丽特和海伦。

和哥哥姐姐一样，维特根斯坦五岁的时候在家中开始接受教育，主要学习拉丁语、古典文学、英语和德语。一直到14岁以前，他的所有知识都是由私人家庭教师传授的。

维特根斯坦的家庭有浓厚的文化氛围。父亲卡尔·维特根斯坦长期资助艺术家和艺术活动，母亲热爱艺术，音乐素养颇深，以深厚的艺术素养影响着这个家庭，使这个富裕的家庭成了当时音乐家活动的中心。许多奥地利和维也纳的文化名流都是他家的座上客，音乐家勃拉姆斯、克拉拉·舒曼、马勒等是这个充满音乐的家庭的常客。拉威尔后来把著名的《为左手而写的钢琴协奏曲》献给维特根斯坦的哥哥保罗·维特根斯坦，这个哥哥在第一次世界大战中失去右臂，但后来他成了著名的单臂钢琴家。

全家对艺术有着强烈的爱好，兄弟姐妹们都显露出很高的艺术天赋。在这种艺术氛围的熏陶下，维特根斯坦也成了一个极富音乐素养的人，他对单簧管演奏有很深的造诣，有一段时间他甚至还希望自己成为一名乐队指挥。在这个家庭里经常出入的，还有作家穆齐尔、毛特纳和科学家赫茨和波茨曼等人。这样的家庭环境使得维特根斯坦具有极为深厚的文化和科学素养，虽然后来有人认为维特根斯坦有书面表达障碍，但实际上他的文笔是十分精湛的。维特根斯坦十分喜爱奥地利文艺评论家卡尔·克劳斯的著作。

尽管家庭十分富有，但他和哥哥姐姐们生活得并不快乐。当时，维也纳是华丽艺术和庸俗作品的汇聚地，充满华尔兹舞曲、巧克力蛋糕和高雅文化，但政治气氛十分的严酷。奥地利讽刺作家卡尔·克劳斯描述当时的情形说，"在柏林，情况异常严峻，但并非不可救药。而在维也纳，情况正好相反，已经不可救药，但并不严峻"。当时，这个城市受到异常的自杀潮的影响，也波及维特根斯坦的两个哥哥。

父亲对子女们非常严厉，这使得维特根斯坦和他的哥哥们感到十分的抑郁。据传记作者威廉·巴特利说，维特根斯坦家族的兄弟五人里，包括路德维希·维特根斯坦本人共有三名是同性恋者。1902年他的大哥汉斯自杀，1903年他的三哥鲁道夫也自杀了。他俩都是同性恋者，鲁道夫在绝命信中为自己"反常的性情"感到绝望。维特根斯坦传记研究者认为尖嗓子和结巴的瘦弱男孩维特根斯坦，长大后一度也成了一名同性恋者。

自从自杀事件发生后，父亲卡尔·维特根斯坦放缓了对子女们的严厉管教，但自杀的念头无疑也影响了维特根斯坦。后来，在第一次世界大战爆发后，维特根斯坦应征入伍，他说，自己应征入伍，就是为了"体面地自杀"，"因为我有自杀倾向，而没有比战争更好的自杀方式了"。在战场上，因为他不断要求被派往更危险的地方去作战，他的反常举动让军事指挥部的长官们困惑不解。他希望和死亡近距离接触，能够让他对根本无法实现的存在有新的认识。他的另一个兄长库特·维特根斯坦在战场上被俘前也自杀身亡，在战争里幸存但致残的最后一个兄长，保罗·维特根斯坦后来成了著名的单臂钢琴家。

希特勒的同校生

1903 年，在维特根斯坦的两个哥哥自杀后，为了让自己的孩子从自杀的阴影下解脱出来，父亲将小维特根斯坦送到偏远省份林茨的一所国立中学学习。

从德国奔向黑海的多瑙河刚进入奥地利不远，就流经位于一个宽阔山谷中的林茨城。自古罗马时代起，林茨就是一个四通八达的商贸重镇，它古老的建筑物记载下了许多世纪以来奥地利的历史更迭。

在远隔一百英里的林茨里尔学校注册后，小维特根斯坦寄宿在一位教师的家里。在学校里，按照他的传记作家的说法，维特根斯坦在看到同班同学时的最初印象，是把他们都视为"臭大粪"，而他们则把他看作一个令人讨厌的自命不凡者。小维特根斯坦感到非常不快活，功课学得很糟糕。

在维特根斯坦的生活中，他与许多世纪名人都有过交往或相遇。在中学生活中，他遇到了一个名人，这个人就是后来臭名昭著的德国纳粹党元凶阿道夫·希特勒。

1904年至1905年，希特勒也曾在这所学校上学。不过，没有确凿的证据显示维特根斯坦与希特勒有过任何深入的交往。希特勒在他的自传《我的奋斗》中透露，他最初的反犹太人情绪就是被林茨城的一位匿名犹太学生挑起的，这是导向奥斯威辛集中营那条仇恨链上的第一环。

导致希特勒屠杀六百万犹太人的那个男孩究竟是谁？希特勒在书中没有明说。一位传记作家金伯利·科尼什在1998年3月9日伦敦世纪出版社出版了《林茨的犹太人》一书，在书中提出了一个猜测：那位林茨的犹太男孩长大以后成了独树一帜的20世纪思想家，一位首屈一指的逻辑学家和哲学家，一个跟希特勒同样异乎寻常的人——路德维希·维特根斯坦。

科尼什推测了当年同在一个中学里的希特勒与维特根斯坦之间有可能发生的相互关系。当时，学校的一张照片显示出，这两个14岁的学生相距仅一臂之遥。希特勒的神色孤独而阴郁，而维特根斯坦却热切地凝视着镜头。希特勒的阴郁和他当时的经济拮据有关，到他成年以后相当一段时间，都是一个穷光蛋。而维特根斯坦的家庭却是一个大富之家。

他俩各自的兴趣也有酷似之处：两人都沉迷于建筑学和语言的力量；两人都对19世纪哲学家叔本华表现出极大的热情；维特根斯坦将瓦格纳的歌剧《名歌手》熟记于心，希特勒也是如此；两人都有吹口哨的才能，可以大段而准确地吹奏各自喜爱的音乐。根据一位同时代人的记载，希特勒吹口哨时"带有一种奇特而响亮的颤音"，而维特根斯坦则常常纠正那些即使是稍微走调的人。

维特根斯坦有吹口哨的技能。一本有关他的传记中一共有两次提到了他的"吹口哨"：一次是第一次世界大战爆发时，维特根斯坦应征入伍。被捕时，维特根斯坦正骑在炮筒上，用口哨吹着贝多芬《第七交响曲》的第二乐章。还有一次，是他应邀参加学术演讲和辩论，为避免发言，干脆给大家表演吹口哨。

维特根斯坦在讨论学术问题时，也曾多次用"口哨"来说明论题。在写于1946年至1949年的《哲学研究》第二部分中，论及行为的精细层次问题时，他说："当我对一个曲调的理解由我吹的口哨来表达，并带着正确的表情，这便是这种精细层次的一个例子。"在写于1947年至1948年的《心理学哲学评论》第二部分中，他在论及意图时说："我有用口哨吹出这首主旋律的意图：是否我因此在某种意义上已在思想上用口哨吹出这首主旋律。"在写于 1929 年至 1948 年的《纸条集》中，他说："我对一个人说：'我现在给你……用口哨吹奏出这个主题。'我意图吹奏出这个主题，并且我已知道，我要吹奏的是什么。我有要吹奏出这一主题的意图：是否在某种意义上可以说我在思想上就已吹奏出它？"在《纸条集》第 64 条论及"希望"概念时，他说："我吹口哨，有人问我，我为什么如此愉快。我回答道：'我希望 N 今天会来。'——但当我吹口哨时，我并没有想到他。尽管如此，下述说法是错误的：当我开始吹口哨时，我已不再希望。"

家庭对艺术的热爱，给少年维特根斯坦以极大的影响，这种影响是终身的，以后他对艺术和美学的阐说主要基于这一时期的影响。除了这种家庭影响，少年维特根斯坦自己则特别爱好机械和技术。在 10 岁那一年，他制作出一台简单实用的缝纫机，他的这一独特才能让人们十分惊讶。他接受早期教育的时候，最初的志向是从事物理学研究，一度还渴望投师著名的物理学家玻尔茨曼，可是，玻尔茨曼在 1906 年自杀，这使维特根斯坦的希望破灭。

大 学 生 活

在中学，维特根斯坦的成绩并不好，大都处于中下水平。1906年中学毕业后，维特根斯坦想成为一名工程师，于是他前往柏林的夏洛顿堡技术学院学习机械工程。

1908年春天，维特根斯坦从这所学校毕业。到了夏天，他到英国达比郡的格洛索普附近的高空风筝飞行试验站用风筝作试验。同年秋天，进入英国曼彻斯特的维多利亚大学工程系注册为研究生，攻读航空工程空气动力学学位。

在大学里，青年维特根斯坦不苟地端坐在椅上，很帅气，目光坚定而执着。有时，穿着灰黑色的大衣行走在街头。在大学里，他学习飞艇制造和一些有关空气动力学的课程，还自己制作过一个飞机发动机，这些工科训练为他后来自己动手给姐姐设计住宅打下了基础。

他在从事航空学的学习和研究中，主要还是从机械原理入手，致力于实用机械的开发，先是进行风筝飞行试验，转而制造一架供飞机用的喷气反冲推进器。最初，是发动机吸引着他，但很快他就埋头于推进器的设计。这实际上是一项数学任务，为了彻底搞清螺旋桨的原理，同时出于对数学基础的兴趣，维特根斯坦开始注意论及数学基础的文献。有一次，他向一个人请教关于数学基础的问题，这个人向他推荐了1903年问世的《数学原理》。这本书是伯特兰·罗素与怀特海合写的，维特根斯坦阅读了这部书后，受到了极大的影响。也是这本书引导他研究了戈特洛布·弗雷格的《算术基础》。从这一时期起，维特根斯坦的兴趣开始转移，首先转向纯数学，后来转向数学基础理论的研究。

面临大学毕业的维特根斯坦，开始为自己的未来设计出路。他从《数学原理》这本书的附录中了解到，逻辑学家弗雷格在建立严格的逻辑体系方面做了许多的工作。在假期中，他专程到德国耶拿拜访了弗雷格。

这位当时已有名望的逻辑学家耐心地向前来拜访的年轻人介绍了自己的研究成果，认真地听了这个初学者对逻辑的一些看法，和他讨论了相关的逻辑问题。后来，维特根斯坦承认，在与弗雷格的第一次讨论中，弗雷格"彻底驳倒了"他，这使他"感到十分沮丧"。但听到弗雷格说欢迎他再来以后，他才"又高兴起来"。在这次会面交流中，弗雷格没有理解维特根斯坦对有关逻辑问题的新颖思考，也无法接受维特根斯坦希望跟随他学习、研究逻辑学的请求。最后，弗雷格建议他到剑桥大学去找罗素。

1911年初秋的一个下午，德国耶拿城的火车站，耶拿大学数学系教授戈特洛布·弗雷格为英国曼彻斯特大学工程系学生路德维希·维特根斯坦送行。在等候火车的时候，维特根斯坦随意提到对一个人的言行评价。这时，弗雷格对他说："你还没有弄清自己所使用的语词的含义，怎么能够使用它们呢？"从此，维特根斯坦就对"语词的含义"深加探讨。

维特根斯坦自己说，自第一次访问弗雷格以后，他与弗雷格"又讨论了几次"，有过多次书信往来。但是，弗雷格给维特根斯坦的所有信件都被销毁了，这引起了后人对维特根斯坦个人品行的猜疑。不过，维特根斯坦非常重视弗雷格对他的思想影响，当他在硝烟弥漫的战壕中完成了《逻辑哲学论》的手稿后，转交给了弗雷格一份手稿，希望能够听到他的意见。结果让他失望，在他返回维也纳之后收到的弗雷格的回信中，弗雷格再次表示自己无法理解手稿中的思想。尽管如此，维特根斯坦在为出版此书写的导言中，仍然明确地把弗雷格的著作看作自己思想的两个主要来源之一（**另一个是罗素**）。在书里，维特根斯坦也反复提到弗雷格思想的重要性。

应当说，弗雷格是维特根斯坦进入哲学之门的领路人，是弗雷格的逻辑思想使维特根斯坦对逻辑和哲学的性质产生了兴趣，也是弗雷格让他去师从罗素，从而最终投身于哲学。

维特根斯坦曾告诉一个朋友说，他青年时期读了叔本华的《作为意志和表象的世界》，而他最初的哲学思想就是叔本华主义的认识论的唯心主义。不过，弗雷格的概念的实在论使他抛弃了早年的唯心主义观点。

相识罗素与摩尔

在1911年夏天，维特根斯坦前往英国剑桥大学三一学院拜访了罗素，罗素称这场相识是他一生中"最令人兴奋的智慧探险之一"。

师从罗素学习逻辑

在剑桥，维特根斯坦以罗素为师学习逻辑。在罗素的书房、在维特根斯坦的寝舍、在剑河旁、在小桥边、在咖啡馆里、在国王学院的草坪上，到处都留下了他们的足迹和身影。罗素亲切地把维特根斯坦称作"我的德国人"，而维特根斯坦则把罗素叫作"一个真正的人"。在他们的所有谈话中，只有一个主题，那就是逻辑以及由此引出的哲学。

据艾耶尔《维特根斯坦》一书的回忆说，罗素受维特根斯坦的影响，实际上主要是在1912年至1913年。罗素自己承认，他的有些思想正是在与维特根斯坦的讨论中形成的，例如他的逻辑原子主义，主要来自维特根斯坦在 1911 年至 1912 年间所写下的《关于逻辑的笔记》。

维特根斯坦和罗素之间的辩难有趣而又富有智慧：

罗素：你到底在思考什么？逻辑，还是自己的罪？

维特根斯坦：两者。

有一天，维特根斯坦跑到罗素那里，问："你看我是不是一个十足的白痴？"

罗素不知他为什么这样问。

维特根斯坦说："如果我是，我就去当一个飞艇驾驶员；如果我不是，我将成为一个哲学家。"

于是，罗素要他写一篇论文，只要写他自己感兴趣的题目就行。

维特根斯坦不久把论文拿来了。

"我刚读了第一句，就相信他是个天才。"罗素说。

罗素很快发现了维特根斯坦的才能，称维特根斯坦是他平生所见的天才的典范：纯粹的智力、热情、专注。罗素十分欣赏这个学生的才能，把他视为最理想的接班人，预言哲学下一步的重大发展将由维特根斯坦完成。

维特根斯坦不时地在午夜造访罗素，在房间里来回踱步几小时，一语不发地思考逻辑问题，但罗素不敢催他去睡觉，因为"生怕一打断，他的脑袋会迸裂"。

维特根斯坦取得的神奇进步使他不久几乎成了罗素的老师。罗素在惊叹之余，公开声明放弃逻辑研究，因为维特根斯坦足以担当起一切。

第二年的年初，维特根斯坦获准进三一学院，并在大学注册，起初是作为一名大学生，后来就成为一名研究生。1912年的全部三个学期和1913年头两个学期他都在剑桥。

在剑桥，维特根斯坦与罗素相过从，也经常和他的其他老师、到今天也仍然十分有影响的哲学家 G. E. 摩尔和怀特海进行讨论和学习。

摩尔非常欣赏维特根斯坦。他说："我在讲课时发现，他看上去很困惑，而其他人都不是这样的。"

在剑桥早期的朋友当中，维特根斯坦与后来有重大国际影响的经济学家凯恩斯结成了终生好友，还与数学家 G. H. 哈代和逻辑学家 W.E. 约翰逊常有来往，相互讨论问题。

在剑桥，维特根斯坦是个公认的怪杰，很难相处。最令他难忘的是一位名叫大卫·宾森特的同学。就像很多天才一样，维特根斯坦天生有点神经紧张，唯独宾森特能够让他镇静下来。两人情同手足，一同弹琴抒怀，一起出国旅游。宾森特后来在第一次世界大战中死于空难，维特根斯坦将《逻辑哲学论》一书题献给他，以寄托哀思。

匿名资助贫困诗人和艺术家

1913年，维特根斯坦的父亲去世，留给他一份巨额遗产。继承财产后，维特根斯坦匿名捐赠了许多钱给贫困的奥地利艺术家和诗人，其中有里尔克和特拉克尔。他认为特拉克尔极有天赋，但不喜欢后期的里尔克，认为那些诗不真实。

在第一次世界大战爆发前几个月，诗人特拉克尔为死亡着魔，有明显的自杀倾向。1914年6月，他收到一笔两万克朗的匿名捐款，这笔钱在当时是相当可观的。费克陪着特拉克尔去英斯布鲁克的一家银行去取这笔钱。在银行里，特拉克尔突然惊慌失措，大汗淋漓，还没轮到他就冲了出去。诗人特拉克尔一直没有使用这笔钱。他是从一位朋友那里知道匿名捐款者是个年轻的哲学家，名叫维特根斯坦。不久，战争动员开始了，他作为少尉军医应召入伍。

维特根斯坦和特拉克尔同在东部战线，一度离得很近。他作为一名普通士兵先在一艘巡逻艇上服役。有一天，结束巡逻任务返回驻地后，他收到特拉克尔寄来的一张明信片。那时特拉克尔已近于精神崩溃，住进了克拉科夫一家军医院的精神病房。他是从费克那里得到维特根斯坦的地址的，想见见这位未曾谋面的恩人。

维特根斯坦对诗人特拉克尔的悲剧一无所知。当他在1914年9月6日来到那家医院时，特拉克尔已经安葬了，他是在三天前服用过量的可卡因而死的。维特根斯坦在一张给费克的军用明信片上写道："我很镇静，虽然我不认识他。感谢您寄来的特拉克尔的诗，我虽不懂，但他的心声使我感动。这是真正的天才人物的心声。"

挪威小屋

尽管学业优秀，维特根斯坦却十分厌倦剑桥的学术气氛。后来干脆跑到挪威的极地圈里思考。当时，他还没有毕业。

维特根斯坦生性离群索居，给人留下的第一印象往往是不善言辞，内向腼腆。其实，他并不是不愿意与人交往，而是不知道应当如何与人交往。谈起哲学来，他会滔滔不绝，甚至不顾对方的反应和感觉；但说起其他话题，他就显得木讷，甚至给人不食人间烟火的感觉。从与他交往过的朋友、学生和周围的人后来的回忆中可以看出，维特根斯坦在与普通人的交往中基本上还是比较随和的，他和住在同一个楼里的邻居友好交往，互赠礼物，甚至一同散步聊天。但他与朋友们的谈话很少涉及哲学，他想谈所有的东西，而且总是怀有同样的兴趣。他给人的印象是，他不断地把人们所熟悉的问题说得明明白白，就好像他是第一个看到这些问题似的，这并没有为众所周知的观点所妨碍。他的一个挪威朋友 K.E. 特兰诺伊就曾回忆道，他原本以为自己对易卜生的戏剧还算了解。但他很快就意识到，维特根斯坦对这些戏剧的理解，比如对《布朗德》的理解，都比他深刻，而且富有创见性。维特根斯坦曾对他说，虽然他在去挪威之前就读过《布朗德》，但只有当他在斯寇尔登生活了整整一个冬天，一个漫长寒冷而又非常黑暗的冬天之后，他才发现对易卜生的戏剧有了更为充分的理解。

斯寇尔登是挪威西部最为遥远、最为原始、也最为壮观的风景点，坐落在群山之间，依傍深远蜿蜒的海湾，正是这个海湾使挪威最高的山峰形成一个大岛。这里的自然风景古朴原始，树木郁郁葱葱，一切都保持着自然原本的状况，绝少人为的痕迹和破坏。在剑桥读书时，维特根斯坦与好友宾森特于 1913 年秋到挪威旅行，深深地被这里的景色打动，使他第一次有了回家的感觉。

不久，他又独自回到挪威，在斯寇尔登的一个农场附近的偏僻之处，为自己盖了一所小屋。小屋的结构极为简单，主要利用当地的木材，整个房子体现了维特根斯坦对简单淳朴生活方式的追求。小屋的地基建在高高的峭壁上，离斯寇尔登湖大约有八十米高。从小屋可以看到特别宽阔的湖面景色和周围的农场，在形成湖面的低矮山脊之外，还可以看到更远的群山环抱的湖泊。同时，这个小屋又非常隐蔽，常人难以接近。从远处看去，小屋仿佛一座农舍，又像是不经意搭建的临时帐篷。的确，这座小屋建造得并不坚固，在维特根斯坦去世后不久，它就在风吹雨打中倒塌了。但当地的农夫还记得，曾经有位沉默寡言的隐居者在这里生活过。

隐居者在这里一直住到1914年第一次世界大战爆发。他非常喜欢这个国家和人民，甚至学会了一口流利的挪威语。在斯寇尔登居住期间，他与世隔绝，潜心研究逻辑哲学。每天，他在晨光暮霭中一边散步一边思考，一有所得就赶忙记在笔记本上，写出了许多重要的哲学笔记。这些笔记成为他写作《逻辑哲学论》的重要素材，其中被保留下来的部分在他死后以《1914—1916年笔记》为书名出版。

1914年的春天，剑桥大学哲学系主任、与罗素齐名的哲学教授摩尔专程来看望维特根斯坦。维特根斯坦向摩尔口述了自己的笔记，摩尔则亲自记录下他在整个冬天思考的成果（这就是后来发表的《挪威笔记》）。摩尔希望将这些口述整理后，作为维特根斯坦的毕业论文，但当时剑桥大学修改了学位规章，所以维特根斯坦一直没有取得学士学位。这份笔记的摘要，连同1913年9月他交给罗素的一份《逻辑笔记》，成为了解这一时期维特根斯坦思想的重要材料。

维特根斯坦的内心并不满足于这种现状，在他看来，自由的思想需要外部的环境来保障。没有好的环境，当然无法进行哲学上的思考，就像后来他在战船上随时都要听从命令，不可能使自己有时间来写下自己的思想。他曾这样写道：

> 现在在我的内心有这样两种状态交替出现：对外在的命运采取完全无所谓的态度；渴望外在的自由和安宁——因为我已经厌倦这样的事情了：必须没有任何意愿地执行任何一项命令。对最近的将来的事情完全没有把握！简言之：存在着这样的时候，在这时我不能只是生活于现在之中，不能只是与精神生活在一起。人们应该将生活中的美好时刻看作恩惠，怀着感激的心情去享受它们。在其他的时候则采取较为漠然的态度。

这是一种无可奈何的态度，一种自我安慰的办法。这种自慰心理不仅存在于他的笔记里，而且体现在他的某些行为中。在人们的心目中，维特根斯坦是个自傲孤僻、不可接近的人。

第 2 章

上帝与信仰

对于上帝和人生的目的我知道什么呢?

我知道这个世界存在。

我之置身其间犹如我的眼睛处于其视野之内。

关于世界有一个疑而难决的问题,即我们所谓世界的意义。

——维特根斯坦《1914—1916 年笔记》

战地思想家

1914 年 7 月 28 日,奥匈帝国向塞尔维亚宣战。十天后,第一次世界大战爆发。25 岁的维特根斯坦毅然决然地从剑桥大学返回维也纳，作为志愿者自愿参加了奥地利军队。

炮兵中尉

作为奥匈帝国最富有家族的继承人之一，维特根斯坦本来可以找个借口逃避兵役，不冒此风险，因为他患疝气动过手术，可他不愿意这么做，执意要成为一名普通前线士兵。

他服役于克拉科夫的维斯杜拉河上的一只巡逻艇。他渴望战斗，渴望发挥他的技术知识和逻辑天赋。这只巡逻艇上的指挥官很快就注意到了维特根斯坦所具有的机械技能，安排让他享有非正式的军官待遇。

1915年，维特根斯坦调到克拉科夫的一个生产大炮的车间工作。次年3月，被派往加西里亚的一个榴弹炮团做大炮监测员。10月，他奉命到摩拉维亚的阿尔木兹接受军官训练。

战争后期越发地残酷，不断有人阵亡，生活条件也更加艰苦。1917年，他参加了布考维那战斗。在东线的克拉科夫炮兵团当炮兵时，他对枪林弹雨似乎有着一种出奇的漠然感，并主动要求被安置在炮火的前列。在1918年，29岁的维特根斯坦被提升为炮兵中尉。在战场上，他以勇敢、镇定、指挥有效著称。由于战斗勇敢，他被授予勇敢军官金奖勋章。

战争结束前，他与其他三万名奥地利士兵在意大利前线被俘。当时战俘中流行伤寒，死伤无数。凯恩斯和维特根斯坦的家人多方运作，试图将他营救出来，但维特根斯坦拒绝在同伴得到赦免前出狱。

据维特根斯坦研究专家 S. G. 桑克说，1914 年，在维特根斯坦的生命中发生了两件大事，影响深远。第一件事情是维特根斯坦开始做笔记了。维特根斯坦从来是勤于思、懒于记的。他在剑桥大学学习时，就对罗素口述了《逻辑学评论》，后来又对摩尔口述了一些新想法，自己却不写下来。在服役期间，他终于可以静下心来整理自己的思想。从笔记时间来看，虽然他的思考断断续续起伏不定，但进展还算顺利，为写作《逻辑哲学论》打下了基础。

另一件事情就是维特根斯坦读了托尔斯泰的《福音书简释》。维特根斯坦自己承认，这本书几乎"救了他的命"。从日记上看，维特根斯坦在 1914 年 9 月 2 日第一次读这本书，这几乎是和逻辑哲学笔记同时进行的，也是和持续战争带来的苦闷同时进行的。维特根斯坦"总是像戴着一个护身符一样随身带着托尔斯泰的《福音书简释》"，他说，他每天的工作时间很少，唯一能寄托精神的就是读《福音书简释》。

《1914—1916 年笔记》

维特根斯坦在奥地利军队中服役时，在战斗的间隙以札记的形式写下数本笔记，记下的主要是他对逻辑学、宗教、伦理学等的思索。作为维特根斯坦的早期著作，这些札记就是《1914—1916 年笔记》，学术界也称它为《战地笔记》。

在笔记本上写下自己的思想是维特根斯坦的习惯。据说，他从小就有做笔记的习惯，以日记的方式把自己的一些感受记录下来。在剑桥大学时，他是把自己的思想以札记的形式记录下来，或对同事进行口述口授。后来，就形成了随时记录的习惯，无论走到何处，身上总是带着一些纸笔，把自己的想法随时记录下来，回到住处后再整理这些笔记，将认为有保留价值的东西重新记在统一的笔记本上。在他自己录写的条文上，通常标有日期，因此它们组成日记的样子。另外，早一些的笔记本上的内容往往在后来的笔记本上又重新研究一番。他把这些札记收集在一系列笔记本里，准备以它们为底本形成著作。后来人们看到，维特根斯坦的最后财富就是他用来装笔记本的几个大箱子，他的后期思想都是通过这些笔记本得以保留的。这些笔记有一部分保存了下来，其中主要的部分在他死后由研究者编订出版。这本融私人日记与哲学思考于一体的战时手稿，没有在他的生前出版。

笔记里的"哲学思考"部分直到1961年才出版,而其中的"私人部分"却迟至1985年才在西班牙出版。中译本《维特根斯坦全集》第1卷《1914—1916年笔记》收录了这本笔记里的"哲学思考"部分。

作为为《逻辑哲学论》作准备的笔记本,这些概要和片段是很有趣味的。在这些札记中,有的显示了他的思想发展过程,有的则阐明了后来那本极度浓缩的最终文本《逻辑哲学论》中的许多难点。1916年的一个笔记本给人的印象特别深,它讨论的主要是自我、意志自由、生命的意义和死亡等问题。可见,在《逻辑哲学论》中关于这些题目多少有点格言式的论述,是从一定数量的材料中提炼出来的。这些笔记表明维特根斯坦受到叔本华的强烈影响,其中也可认出一种偶尔表现的斯宾诺莎的风格。青年时他就读过叔本华的著作。他说,从斯宾诺莎、休谟和康德,他只能达到一些偶然的、片断的领悟。

维特根斯坦在自己的早期笔记中都写了些什么呢?在这些私人笔记中,第一册中到处都充满了"船上的船员是一群猪!没有任何志向,令人难以置信地粗俗,愚蠢,邪恶!"等句子。第二册记载的是战斗正酣的时刻,维特根斯坦连续多日笔记里都只记录"今天没有工作""没有工作""工作了一会儿",从中可以清楚地感受到他的焦虑和紧张情绪。

维特根斯坦的个性瑕疵，在他的战场笔记中也可见一斑。他的个性通常被描绘为一个矛盾体：对他人充满了猜疑和不解，又渴望得到他人的理解和接纳。从他的笔记中可以看到他性格的另一面。这些笔记是"非常私人的"，因为它们是以一种非常特殊的方式记录下来的：维特根斯坦采用倒写字母的方式写他的笔记。当然，他这样做的目的是不想让别人看到自己的这些内心独白，可这种方法本身却也存在着可以为他人解读的可能。后来，他自己也提出反对"私人语言"。不过，此时也表明他总是对人怀有戒心，所以采用这种独白的方式，把自己的想法像日记一样记录下来，让笔记本成为与自己的对话者。

　　战场上的恶劣环境让他反感。他在 1914 年 8 月 10 日的笔记中这样写道："今天当我醒来时，就如同是一场梦一样，我好像突然又令人不解地坐在了中学的教室里。就我的地位而言，这也不无滑稽。我是以几乎令人滑稽的微笑来做那些最为低贱的差事的。"而与战友的关系也处理得不太好，在笔记中他反复表达了自己必须面对那些在他看来最为丑陋、肮脏的"战友"，面对他们的数落嘲讽，甚至"折磨"，他写道："和以前一样，被战友们折磨得很痛苦。我仍然没有找到一种令人满意的对付他们的行为方式。我还没有下定决心采取完全被动的态度。这或许是一种邪恶，因为相对于所有这些人来说，我是软弱无力的。如果我进行反抗，那么我只不过是在徒劳无益地消耗我自己。"

死亡与永恒性

在战争环境里，维特根斯坦只能采取一种漠然的态度，采取一种不抵抗的态度。只有这样才能更好地保持自己内心的平静，才能使自己有更多的精力继续自己的哲学思考。他坚信，自己参战的目的只有一个，那就是体验死亡，并由此出发去认识人的永恒性。

面对死亡

在战争中，人们对战争的厌恶和对死亡的恐惧，让维特根斯坦思考了许多有关生存的深层问题。死亡，一直是维特根斯坦所热望体验与直视的东西。发生在他童年生活中的两个哥哥自杀身亡的事件，是让他恐怖的经历。后来，他总是鼓励自己要勇于面对死亡。在1912年的笔记中，维特根斯坦这样写道："不管一个人可能多么脆弱，如果他愿意面对死亡，进而如果他在所选择的事务中英雄般地遭遇死亡，这一事实会使他一劳永逸地得救。"

按照瑞伊·蒙克的记述，在维特根斯坦的早期生活中，有两个人对他的人生态度产生了重要影响，一位是魏宁格，一位是克劳斯。魏宁格的著作《性与性格》对自杀行为的分析吸引了不少追随者，其中包括维特根斯坦。维特根斯坦承认魏宁格对他的影响超过其他任何人。魏宁格的理论归结为这样一个阴郁而残酷的选择：要么成为天才，要么选择死亡。唯一值得过的生活是精神生活。这种爱与性欲的严格区分，这种除了天才的创造之外一切皆无价值，而天才对诚实的要求与性欲势不两立的强硬观点，与维特根斯坦一生中反复表达的态度有一致之处。维特根斯坦曾有自杀的念头，这种自杀想法一直持续了九年之久，直至遇到罗素。

从他在 1914 年至 1916 年所写的《战地笔记》中，可以看到他早期对死亡的思考。当他初到军队时，指挥官曾考虑是否将他留在后方，但维特根斯坦不愿意这么做。他在日记中写道："如果真的把我留下，我会杀了自己。"他甚至想到如果自己死了，就将《战地笔记》的不同部分分送给不同的亲人和朋友。他在笔记本的第一页上写道："在我死后将生活部分寄给我母亲"，另一部分则"寄给剑桥三一学院伯特兰·罗素"。

固执的维特根斯坦通过身处死亡来体验、观察人的生存，他在笔记中证明他的生存之目正在变成由上帝开启的死亡之眼：透过死亡来观察一切！他在笔记中写道："也许死亡的临近将给我的生命带来光明。上帝开启我吧!"

维特根斯坦与丹麦悲剧哲学家克尔凯郭尔有相似之处：他们都极其富有,但他们都生活在一个充满悲凉气氛、死亡阴影的家庭中。克尔凯郭尔选择了逃避,选择了屈从于恐惧与战栗,最后屈辱地死在哥本哈根;而维特根斯坦则用宗教式的虔诚领悟生活,努力超越存在的界限,选择在战争中去领悟死亡。在如愿体验到"死亡"的真谛之后,维特根斯坦终于体味到了"存在"的本真含义,感悟到了生存的觉醒。他在《1914—1916年笔记》里1916年7月5日的笔记中写道：

> 世界作为一个整体可以说必然的增减。仿佛是由于补加或减去一种意义。也如在死中一样,世界并不改变,而是终止存在。

同一思想在《逻辑哲学论》中被这样表述出来：

> 死不是人生的一个事件。它不是世界的事实。……也如在死亡时那样,世界并不改变,而是终止。死不是人生的一个事件。人不可能体验死。

他在这一领悟中还发现了死亡对于生存具有的另一种含义,也即相信"只有死亡才给予生命以意义"。从这一认识出发,他反省了人类对死亡的恐惧的本质,认为这一种恐惧正是没有认识生存本身的意义的结果。他说："面对死亡的恐惧是虚伪的即恶劣的人生的最好的标志。"

维特根斯坦讨论死亡问题，是为了说明参透人生真谛的人是处在无所畏惧状态之中的。面对死亡也是如此，因为生死处在时空之中，而人生真谛则在时空之外，是超越于生死的。他在《1914—1916年笔记》里1916年7月8日的笔记中写道：

幸福的人必无所畏惧。即使面对死亡亦无所畏惧。

只有并不生活在时间中而是生活在当下的人才是幸福的。

因为当下的人生是没有死亡的。

在这个意义上，他反对自杀的行为。在《1914—1916年笔记》里1916年1月10日的笔记中写道：

如果自杀是允许的，那么什么事情都可允许了。如果什么事情是不允许的，那么自杀就是不允许的。

这一点说明了伦理学的本质。因为自杀可以说是基始罪……

或者，自杀自在地甚至既非善亦非恶吗？

到1946年，维特根斯坦对于死亡问题的认识又有了升华，将死亡问题与英雄行为联系在一起。他在《杂评》中说："英雄能够正视死亡，这指的是真正的死亡，而不只是想象的死亡。一个人在危机中沉着冷静，这并不意味着他能够很好地扮演英雄，像在舞台上那样。毋宁说，这意味着他能够正视死亡本身。"这是自古希腊——最早出现在古希腊苏格拉底的弟子色诺芬所著《回忆苏格拉底》一书中——以来一直流行于西方关于死亡主题的主流思想。

永恒性

与死亡相关的一个问题，是人的生存的永恒性。在维特根斯坦看来，永恒不是一个时间概念，而是一个非时间概念，或者说，是一个超时间概念。永恒的人生不处在过去、现在、将来这样一个无限绵延序列中，而是只处在现在之中，人当下地生活着。维特根斯坦在《1914—1916年笔记》里1916年7月8日的笔记中说：

> 如果我们不把永恒性理解为无限的时间的绵延，而是理解为非时间性，那么我们就可以说，生活在当下的人就是永恒地生活的人。

> 如果不是把永恒理解为无限的时间的绵续，而是理解为无时间性，那么生活在现在之中就是在永恒地生活着。我们的人生之为无限，正如我们的视野之为无限。

人的灵魂在时间上的不朽，意即它在死后也永世长存，这个假定不仅没有任何保证，而且尤其是绝不会给人以他们总想从它得到的东西。我的永世长存难道就会把一个谜解开吗？这种永生岂非像现世的人生一样是一个谜吗？时空中的人生之谜是在时空之外解开的。（这里要解开的可不是自然科学的问题。）

这种永恒观不同于通常意义上的永恒观。通常意义上把永恒理解为一个时间序列，要么指肉身不死，要么指灵魂不朽。维特根斯坦认为在通常意义上来理解永恒观念，一方面，这种永恒是没有保证的，因为它仍处在世界之中，是由偶然性支配的，无法获得绝对的价值，因而也就没有必然性保证；另一方面，这样的永恒也无法最终解决人生伦理问题，或者说无法使我们获得有价值的幸福生活，因为在世界之中任何事情都只有相对的价值（或无价值），都是不重要的（或重要的），都无助于我们对绝对幸福不断追求这一目的的。只有超出时间序列，把永恒理解为当下，才能在超验的意义上实现幸福生活，最终获得人生问题的解答。

如果说"永恒的人生是只处在现在之中的人生"，那么，究竟如何才能够只生活在现在之中呢？维特根斯坦给出了某种实现的途径：

通常考察方式仿佛是从对象中间看对象，在永恒的观点下考察对象则是从对象之外看对象。从而对象是以整个世界为背景的。或许在永恒观点下的考察方式是与时空一起来看对象，而不是在时空中看对象吗？

按照维特根斯坦的观点，生活在永恒之中的人生是没有任何恐惧也没有任何希望的人生，即使面对死亡亦无所畏惧。因而，我们也就可以说，幸福生活是一种处于无欲无求无畏状态当中的生活。看维特根斯坦的表述：

凡是在当下生活的人都没有恐惧也没有希望地生活着。

我们能否意欲善，意欲恶或无所意欲呢？或者是否只有无所意欲的人才是幸福的呢？……然而在某种意义上，没有愿望乃是唯一的善。

面对死亡的恐惧是虚伪的即恶劣的人生的最好的标志。

维特根斯坦所说的永恒，其实本身就意味着没有生死之别，只有当下地活着，而他所追求的人生也是如此。他列举了陀思妥耶夫斯基的一生：

陀思妥耶夫斯基说幸福的人正在实现存在的目的，就此而言，他是对的。

我们还可以说，除了生活之外不再需要任何目的的人正在实现存在的目标，就是说，他是满意的。

宗　　教

对生命意义的探求，一直是维特根斯坦的生活与思想的出发点和归宿。在这一探求中，宗教无疑是他思考的一个重大问题。维特根斯坦幼时在天主教堂受洗，逝世后也以天主教的方式被安葬。虽然他并不将自己认同为一个通常意义上的基督徒，但终其一生都不曾放弃宗教信仰，也从来不是一个无神论者。

我不是一个宗教人

维特根斯坦曾对他的朋友德鲁瑞说："我不是一个宗教人，但我不禁要从宗教观点看待每一个问题。"

维特根斯坦早期生活中，战争是他所经历的重大事件。在战争和被俘后的囚禁生活中，他体验到了宗教意义上的生存问题，特别是他接触和熟悉了托尔斯泰的伦理和宗教著作之后更是如此。托尔斯泰对维特根斯坦的人生观产生了强烈的影响，是托尔斯泰引导他去研究福音书。在《1914—

1916年笔记》中，他谈到信仰是他的心灵所需要的，同时也谈到个人的痛苦和基督教的必要等。到了后来，维特根斯坦在教学生涯中不但写作了大量论述宗教内容的笔记，而且开课讲授心理学、美学与宗教信仰，这一系列讲座的内容由其学生辑录，在他去世后出版。

维特根斯坦把自己视为基督福音的践行者。在南奥地利乡村任小学教师时，维特根斯坦明确地对乡民说，他不是基督徒，却是"福音传教士"。他还说过："我可以和孩子们一起读福音书。"他曾对他的学生德鲁瑞说："我相信，只有当你力图对他人有所助益时，你才最终找到了通往上帝之路。"

据巴特利所著的《维特根斯坦传》说，维特根斯坦对《马太福音》中耶稣的如下一段话印象深刻："我实在告诉你们：财主进天国是难的。我又告诉你们：骆驼穿过针的眼，比财主进神的国还容易呢！"

维特根斯坦在卡西诺山战俘营的难友弗兰茨·帕拉克也回忆说："维特根斯坦认为自己不过是遵循福音书对富人的教诲：'你若愿意做完全的人，可去变卖你所有的，分给穷人，就必有财宝在天上，你还要来跟从我。'"

正是在这一福音精神的感召下，第一次世界大战结束后，维特根斯坦回到家中，宣布放弃父亲留给他的巨额遗产，并认真地考虑去做一名修士还是去当小学教师，因为只有这样才可去过一种"简单朴素的生活"。对于放弃巨额遗产的事，据库·乌赫特尔与阿·休伯内所写的《维特根斯坦》传记材料说，他的家人起初商定只是替他代为保管财产，但维特根斯坦却固执地不愿接受任何支持，并因此经常处于窘迫的境地。

维特根斯坦说："我不是一个宗教人。"这话的意思是，他是一个按照其精神而行动但却不属于任何教派的践行者。实际上，他在践行一种实践精神，这种精神，如他在晚年所揭示的——"我的才能之一就是必定能够从贫困中创造出美德。"

福音的实践者

据他在剑桥教授的美国学生兼好友诺尔曼·马尔康姆说，维特根斯坦是一个追求精确与完美的人，他这样说只不过表达了他不自封为严格意义上的，如圣·奥古斯丁和圣·方济各那样典范的基督徒，他苛责自己虚荣自负、暴躁易怒；另一方面，维特根斯坦可能认为自己不像一般基督徒那样花很多时间去祈祷并参与各种宗教活动，他既不属于任何教会组织，也不投身任何正式的宗教实践，所以称不上是宗教人。马尔康姆的说法的确可以解释维特根斯坦为什么选择了去乡村做一名小学教师，而没有选择去当修士，原因是他无法接受预先长达四年的神学学习。维特根斯坦说："虽然我更愿去做修士，但成为一名教师使我可以和孩子们一起读福音书。"

维特根斯坦认为，在"宗教"中存在着某种真正有价值的东西，"基督教不是一种关于人的灵魂中已经发生的事情或者将要发生的事情的学说或者理论，而是对人的生活中实际发生的事情的描述。由于'对罪孽的认识'是一个真实的过程，因而绝望和借助了信仰而获得拯救这一点也同样是一个真实的过程。那些谈论这些事件的人只不过描述在他们那里发生的事情，而不管别人可能对此说些什么"。这种真正有价值的东西，其实就是引导人走向善的力量。正如中国的一位维特根斯坦研究者所认为的，维特根斯坦的上帝显然是一个伦理意义的上帝，而不是基督教的那种具有人格的上帝。维特根斯坦对德鲁瑞所说的话也可以证明这一说法是有道理的，他说自己更喜欢对观《福音》，尤其是《马太福音》，相反，他认为自己很难理解讲述"道成肉身"的《约翰福音》。

在另一处，维特根斯坦说："在我看来，在《福音》里，一切事物较少修饰，更加谦卑，更加简单。你在那里发现栅屋，而在保罗那里却发现教堂。在那里，所有的人都是平等的，上帝自己就是一个人。在保罗那里，却已经有了等级、名誉、地位之类的事物。——这仿佛是我的嗅觉告诉我的。让我们做人吧。""在我的层次上，保罗的宿命论教义只不过是一种邪恶的胡言乱语，是违背宗教的。因此，它不适于我，因为我只能错误地使用我所获得的这一幅画。"

维特根斯坦承认自己无法理解一位造物主的观念，也对诸如"三位一体"和"道成肉身"这样的教义不以为然。他不止一次地在笔记中写道："基督教不是一种教义"，"我认为基督教所表达的一个意思是，所有正统的教义都毫无益处"。在另一处，他对宗教的其他概念也提出批判。他说："在基督教中，亲爱的上帝似乎对人们说：不要演悲剧，也就是说，不要在尘世里扮演天堂和地狱。天堂和地狱是我的事情。"

对于那些教人盲目信奉偶像的宗教，他批判道："这样的宗教作为一种神经错乱，是一种从非宗教中产生的神经错乱。"

他反对宗教仪式，说："必须严格避免一切宗教仪式（如高级僧侣的那种发出声响的接吻），因为这种仪式很快变得腐朽。"

在他看来，宗教的仪式总是想表达某种重要的观念。例如，他在 1931 年至 1936 年完成的《评弗雷格的〈金枝〉》

中对宗教的"巫术"是这样理解的：

　　巫术总是基于象征主义和语言的观念。

　　一个愿望的表示，首先就是实现这一愿望的
表示。

　　但巫术赋予愿望一种表示：它表达一个愿望。

　　作为清洗的洗礼。——只有当从科学上来解释
巫术时，才会出现错误。

实际上，在维特根斯坦看来，宗教的仪式，在远古社会
就是巫术，都只不过是某种观念的表达，这个观念应该表达
了某种善。人们应该关注的是这种善，并去实现它，这就是
爱人、助人。

上　帝

从维特根斯坦的《战地笔记》中，可以隐约窥见他在内
心深处对于宗教基本概念"上帝"的思考。

上帝意味着什么？

在第一次世界大战后期，维特根斯坦已经没有精力再记
录那些琐事了，甚至不像第二册笔记那样详细记录手淫周
期，代之而来的是"上帝出现"的频率增多。他执着地追问

自己：上帝是什么，信仰上帝意味着什么？

在第一次世界大战随军服役期间，支撑维特根斯坦写作的，正是上帝与他同在的信念。1914年夏，维特根斯坦在驻地附近的书店买到唯一可买的一本书，托尔斯泰的《福音书简释》，他读了又读，爱不释手。在1914年9月12日的笔记中，维特根斯坦写道："我总是一再地在心中对自己说托尔斯泰的如下一段话：'一个人从肉体上说是软弱无力的，但是经由圣灵他成为自由的。'但愿上帝存在于我之中！"

托尔斯泰对福音的阐释，是从耶稣的伦理教导出发的。他认为，福音的奥秘在于爱——爱你的邻人，甚至爱你的敌人。在托尔斯泰对福音的阐释中，维特根斯坦看到了一个对世人怀着无限慈爱的上帝，为了拯救陷于罪恶的世人而牺牲自己的儿子耶稣基督。

维特根斯坦认识到，人是有限的存在物，他对自己的生存有着根深蒂固的无力感，只有在上帝的恩典中，人才能获得战胜死亡的力量。正是基于这一信念，在漫长而严酷的战争中，他奇迹般地放弃了利用战争自杀的念头。在《1914—1916年笔记》中，他承认"我又想活下去了"，并且声称"只有按照上帝的意志去生活！只有通过这样的方式生命才是可以承受的"。

"上帝只不过是命运"

在此，他发现了"上帝"的真正意义，即它引导人在一种更高的境界去理解人生、发现人生。他在《1914—1916年笔记》里1916年7月7日的笔记中断言：

信仰上帝意即理解了人生意义的问题。

信仰上帝意即看到了世界的事实还不是事情的终极。

信仰上帝意即看到了人生有一种意义。

在这个意义上，上帝只不过是命运，或者也可以说，上帝就是独立于我们的意志的世界。

无论如何，在某种意义上我们是有所依赖的，而我们所依赖者则可称为上帝。

1916年7月30日，他写下了如下的话："万物的状态就是上帝。上帝就是万物的状态。"透过这句表白，几乎可以相信，维特根斯坦通过传统意义上的"上帝"的引导，而进入了一种崭新的生存意境，最终克服了人对自身死亡的恐惧。

在这个意义上，维特根斯坦破除宗教中奉行的偶像崇拜。他说："如果我们没有听说过耶稣，我们会有什么样的感觉？是否我们会有一种孤独地处于黑暗之中的感觉？是否我们能够排除这种感觉，正如小孩知道房间里有人与他做伴而没有这种感觉那样？"

到了1937年，维特根斯坦从"上帝"那里看到的是一个"人"。他说："我读到：'除了圣灵之外，没有人可以把耶稣称为主。'——这是真的：我不能称他为主，因为这对于我来说等于什么也没有说。我可以称他为'尽善尽美的人'，甚至称为'上帝'。"

到了1949年，维特根斯坦像摩尔探讨"善"这一概念一样，从语义上开始思考"上帝"这个词。他说："上帝的本质在于使他的存在得到保证——其实，这就是说，这里涉及的问题不是某种事物的存在。我们是如何学会'上帝'这个词（即学会它的用法）的呢？我不能够对这个词作出一种充分的语法描述。"在这里，所说的"使他的存在得到保证"中的"他"指的是谁呢？上帝吗？绝不是，而是"人"本身，是现实中用"上帝"这个语词的人自身。

进而，他分析了"上帝"概念产生的感觉基础。他说："生活可以教人相信上帝。经验也能做到这一点。但向我们表明'这种存在物的存在'的东西，不是礼堂以及其他形式的感觉经验，而是，譬如说，各种痛苦的体验。这些感觉经验既不是以感觉印象向我们表明对象的那种方式来表明上帝，也不是让我们去猜想上帝。经验、思想，——生活能把这个概念强加给我们。"

"贪图功名是思想的死亡"

在维特根斯坦所思考的宗教问题中，信仰是他关注的一个重要问题。据他在剑桥教授的美国学生兼好友马尔康姆的回忆，维特根斯坦少年时代曾一度对宗教信仰持冷漠与轻视态度。大约 21 岁，他在观看一出戏剧时突然被其中的台词震动："没有什么会发生在你身上"，他意识到无论世界如何变化，都不会对人的内心产生影响，"他是独立于命运和环境的"，生平第一次，维特根斯坦认识到了宗教信仰的可能性。

维特根斯坦对宗教信仰的论述，主要见于《文化与价值》和《关于美学、心理学和宗教信仰的讲演与谈话》两本论著，这些笔记和讲演都是维特根斯坦在 20 世纪 30 年代重返剑桥后所作。

维特根斯坦的信仰，来自他对生命意义的寻求，希望能够在对上帝的信仰中获得内心的安宁。他在笔记中说："信仰是我的心灵、我的灵魂所需要的，而不是我的远见卓识所需要的。并不是我的抽象的头脑必须得到拯救，而是我的具有情感的、似乎有血有肉的灵魂必须得到拯救。"

19 世纪丹麦哲学家克尔凯郭尔是深受维特根斯坦景仰

的思想家。克尔凯郭尔认为，信仰是人所能达到的最高美德，他坚持一种"单纯宗教限度内的理性"，宣称信仰在人性的发展中高于理性。在日常的意义上，克尔凯郭尔认为人们靠单纯的信仰生活，而不是以理性作生活的指南。对于他的这一看法，维特根斯坦是十分认同的，他说："智慧没有激情。然而，相比之下，信仰却如克尔凯郭尔所说的是一种激情。"他写道："信仰是一种激情。"

维特根斯坦与克尔凯郭尔一样，反对将科学的证实原则引入信仰。他在关于宗教信仰的演讲中说："任何我平常称之为证据的东西都不会对我（的信仰）有丝毫的影响"，"最好的科学证据（对信仰而言）也没有价值"。在他看来，宗教信仰与某种历史真实性相联系，因而与那种作为神经错乱的宗教完全无关。他说："宗教信仰完全不同于迷信。其中之一是由恐惧引起的，是一种伪科学，另外一个却是可信的。"

信仰与某种权威相联系。他说："信仰意味着屈从于某个权威。一旦你屈从了，你就不能在没有反抗这个权威的情况下起初对权威提出怀疑，后来又发现它是可以接受的。"

在维特根斯坦的心目中，"宗教信仰实际上是一种生活方式"。他视"信仰"为一种"处在极端痛苦时的避难所"。在对上帝的信仰中，维特根斯坦寻找摆脱痛苦、改变自己、重新开始新生活的力量。他曾这样写道：人处在无限的痛苦之中，人也就会享有无限帮助的需要。基督教只是对需要无限帮助的人来说，对经历了无限痛苦的人来说，才是唯一的。信仰基督教是人处在极端痛苦时的避难所。

他认为，在信仰中，人必须改变自己的生活（或者自己的生活方向）。只有作为一种改变自己、重新开始新生活的力量，信仰才是有价值的。因此，在1944年，他说："继续信仰吧！这没有害处。"

战争结束了，在获得银质勇士奖章和金质勇士勋章后，九死一生的他活着回来了，回到了普通人的生活中。一到维也纳，维特根斯坦的第一步就是把他的全部财产分光。在一个月内，他把自己应得的庞大家产分给了他的哥哥保罗和两个姐姐。有人问他：为什么不送给穷人呢？他解释说：他不愿见到本来好好的穷人由于得到这些钱财而变得堕落，而他那些亲戚反正已经很富有很堕落了。

维特根斯坦的魅力来自这位哲学家从富裕到贫穷的传奇色彩。他虽然出生于奥地利维也纳的工业巨头家庭，却甘愿放弃财富，过极为简朴的生活，财物、权力和地位对他没有任何吸引力。据说，有一次维特根斯坦与朋友在树林里散步，忽然他说，我要把这片树林赠送与你。朋友未免莫名其妙。他又接着说，条件是，你不能对这些树林做任何事情，不能碰它们，更不能卖掉它们，这样，你就"拥有"它们了。他的家庭是富有的，但他的生活却是清贫的。他希望过一种朴素的生活，把绝大部分时间花在托尔斯泰式的"啊，你真纯朴！"的虔诚追求上。他说："贪图功名是思想的死亡。"经历过战争洗礼的维特根斯坦，再不是那个终日沉浸在自我折磨、终日徘徊在生死边界的青年，他开始过一种只有虔诚的生活。

第 3 章

不 可 言 说

思想在开辟通向光明的道路。

思想上的安宁，这是探讨哲学的人热烈追求的
目标。

——维特根斯坦《杂评》1944 年、1946 年

帆布背包中的手稿

维特根斯坦是一位执着的思想家，他在解决一个问题后
才摆脱一个问题，这就使思考呈现出异常的艰巨性，甚至于
使思维成为苦刑，一种巨大的折磨。有一次，罗素在同他一
起紧张工作了几个小时后痛苦地喊出："逻辑真是地狱！"

即使是在战争中，他也没有停止对逻辑哲学的思考。1918 年 7 月，维特根斯坦从前线到萨尔茨堡度假，住在叔父保尔·维特根斯坦家中。在度假时，维特根斯坦开始系统地整理自己在战时所做的笔记，打算根据这些笔记整理出一部自己在逻辑哲学方面的专著。这次努力的结果，是完成了他的前期名作《逻辑哲学论》的初稿。

专家们后来研究发现，维特根斯坦在战时所做的这些笔记对解释维特根斯坦的成型著作有极大帮助，因为他的成型著作，特别是《逻辑哲学论》，采用的是极其简约的形式。通过这些笔记，人们可以看到书中的命题怎样生长定型。例如，在这些笔记里，人们第一次见到维特根斯坦的图像说："命题是事实的图像。"但是，这些笔记的价值也许更多地在于其中包含了很多犹豫，相形之下，《逻辑哲学论》的语气非常决断，似乎掩盖了维特根斯坦对某些问题的困惑。例如，他当时对事物是否可以分析到简单对象相当犹豫："在分析中我们必然达到简单成分，这是先天地明白无疑的吗？例如，这是包含在分析的概念中的吗？"另外，专家还发现，在最早的一些笔记本中，一部分内容是用代码写的，这种代码维特根斯坦一生中一直在使用。用代码写的笔记只有一部分被译解出来，它们似乎属于个人性质。

1918 年 11 月，大战接近尾声，在奥地利和德国战败以后，维特根斯坦在意大利前线被俘，集中关押在科墨附近的一个战俘集中营里。在囚禁期间，他对帆布背包中已经成稿的《逻辑哲学论》继续进行修订并最终完成。

在囚禁中，他在剑桥时期的朋友凯恩斯出面帮助，使他通过书信同罗素保持接触，并且把手稿寄给他。他当年的老师 G. E. 摩尔在读到《逻辑哲学论》这部手稿后，建议使用拉丁文书名。

维特根斯坦学习和思考哲学是从向弗雷格的求教及与其交往开始的，弗雷格对早期的维特根斯坦有很大的影响。维特根斯坦学习了弗雷格的逻辑思想和方法，这种影响大概主要是在两个方面，一是逻辑的思想，二是应用这种逻辑方法来分析和思考哲学和数学问题。维特根斯坦自己说："除了逻辑和数学以外，弗雷格是什么也不会去谈的。"维特根斯坦从战俘集中营中把《逻辑哲学论》的一份副本通过他的姐姐寄给弗雷格，并且同他通信。弗雷格把自己刚刚发表的《思想》一文寄给维特根斯坦。维特根斯坦把《逻辑哲学论》留给弗雷格，一定有寻求支持和得到理解其思想的意思，而弗雷格寄上《思想》一文，也一定是想让维特根斯坦清楚自己的看法。后来的专家们研究了《逻辑哲学论》的许多观点乃至使用的语言以后，发现它们与弗雷格的是一样的。比如，"句子的意义就是它的思想"，这显然是弗雷格的观点。还有，"只有句子才有意义，必须在句子中名字才有意义"，这几乎是直接引用了弗雷格在《算术基础》（1884年）中提出的语境原则。至于像"意义""意谓""思想""句子""函数"等术语，则完全来自弗雷格。

在《逻辑哲学论》一书定稿后，维特根斯坦立即开始联系出版事宜。当时，维特根斯坦还是个没有什么名气的思考者，因此多次遭到拒绝。出版商一会儿要求有名人作出评价，一会儿要求维特根斯坦自付纸张和印刷费用。对这些要求，维特根斯坦极为恼火。他认为要求作者自费出书不是正派的行为，"我的工作是写书，而世界必须以正当的方式接纳它"。这本书的出版主要由于罗素的推动。1919年的冬天，罗素和维特根斯坦在荷兰海牙重逢，花了整整一周的时间逐句讨论《逻辑哲学论》的手稿。在这时，维特根斯坦开始意识到这位与他有师生关系已近八年的罗素无法真正理解自己的思想。

对于出版商要求的名人的评价，罗素承担了下来，并很快为此书写了一篇长长的导论。维特根斯坦读后，坦率地告知罗素，无论是解释的部分还是批评的部分，他都觉得不满意。但他还是开始把这篇序言译成德文。不久后，他告诉罗素，序言的德文译文不佳，他不想把它和自己的著作一起付印，尽管他的著作可能因此就无法出版。结果不出维特根斯坦所料，没有罗素的导论，出版商拒绝出版。

到此，维特根斯坦已竭尽努力，差不多只有放弃了。但罗素认为这部著作是一本有重要价值的书，继续托人联系出版事宜。几经拒绝之后，1921年作为一篇德文原文论文发表在奥斯特瓦尔德主编的《自然哲学年鉴》最后一期上，并附有罗素导论的德文译本。1922年，仍借助罗素的帮助，由凯根·保罗在伦敦以德英对照本的形式出版。英译本里面包含了一些有损原意的错误，人们希望尽可能快地得到改正。

此书一经出版，很快在德国、奥地利、英国产生了巨大影响。《逻辑哲学论》这部异常艰深的书，被维也纳小组奉为哲学圣经，在学术上由此兴起了逻辑实证主义运动。中国学者张申府在1927年即译出此书，题为《名理论》，当年及翌年分两期发表于《哲学评论》杂志，这是此书英文译本以外首次被翻译成其他文字出版。

《逻辑哲学论》

维特根斯坦的哲学思想可分为前期和后期，前期为逻辑分析哲学，核心是图像说，它对逻辑实证主义具有决定性影响。后期基本上抛弃了前期的哲学观点，用语言游戏说代替了图像说，以语言分析代替了逻辑分析，以日常语言代替了理想语言。《逻辑哲学论》和《哲学研究》分别代表了他一生两个阶段的哲学体系。

《逻辑哲学论》是一本薄薄的奇怪的书，译成中文不过七十页，但所涉及的论题极其广泛，包括语言的实质、逻辑、伦理、哲学、宗教、自我和意志、死亡，以及善与恶等内容。这本书的形式也很特别：每一章有一个总题，然后给出一系列扩充和论证。全书分成七章，最后一章只有总题一行字，"对不可说的东西我们必须保持沉默"，下面就没有任何东西了。书中行文是一句一句的，像格言一样的命题，用号码排列，表示每个命题的上下、主附关系。所有的词项都像是术语，像数学概念一样互相定义，如"实况""实况之所是""事实""原子事实""事物"。这些概念的确切含义以及它们之间的关系，一直是研究者们探讨的问题，这些语词的中文译名则是国内研究维特根斯坦专家所关注的。

世界、事实、对象

如何看待人们生活于其中的世界？这确是一个哲学问题。在《逻辑哲学论》中，维特根斯坦指出，世界作为一个对象性的存在，有一类是"可说的"，它们是所有自然科学的命题；另一类是"不可说的"。

维特根斯坦认为，"世界就是所发生的一切东西"，因此说，"世界是事实的总和"。世界是事实的总和，事实都可以分析为原子事实，原子事实由对象组成。所谓"事实"，即"原子事实"的存在。构成世界的，是"那发生的事情，即事实，就是原子事实的存在"。原子事实包含着具有逻辑可能性的事物，由于有逻辑性质，因此被称为"逻辑事实"。因之，"逻辑空间里的诸事实即是世界"。逻辑空间中不仅有事实，而且允许"可能的事态"。他认为，复杂事态由原子事实组成。复杂事态是原子事实的结合，这种结合必然合乎逻辑，但不一定真实存在，那些并不存在的事态是可能事态。在原子层面上，没有可能的事态，因为这一层面上的事态不再是更基础事实的各种可能结合，也不是事物的可能结合。

事实是如何构成世界的？他认为，原子事实是最简单的事实，无法再从中分析出其他事实，分析的结果只能是对象。

对象与原子事实又构成怎样的关系呢？在这一哲学问题上，维特根斯坦认为，原子事实是对象的结合或配置。"对象是简单的"，不可再加以分析，所以，对象就是简单对象。维特根斯坦自己对使用"简单对象"这个概念也很犹豫，他在笔记中写道："我们的困难是，我们总说到简单对象，却举不出一个实例来。"他曾考虑过关系、性质、视阈上的小片、物理学里的物质点、个体如苏格拉底、这本书等，"恰恰起着简单对象的作用"。在《逻辑哲学论》这本书里，他没有举例说明什么是简单对象。

对象是简单的，没有结构。只有具有结构的东西才是可以毁灭的，因此，对象是稳定的、持续存在的。一个对象包含了它与其他所有对象结合的可能性，但是不决定哪些可能性得到实现，因此，那些事实存在是不可推测的，存在本身是不可解的，不可以以理来解的。

维特根斯坦在《逻辑哲学论》中明言，世界是事实的总和而不是对象的总和。这是因为，事实和对象以不同的方式存在，每一事实都独立存在，对象却不能独立于事实存在。一个对象可以出现在不同的事实中，就此而言，它是独立的；就它必须出现在某一事实中而不能单独出现而言，它不是独立的，不具有实质的独立性。所以，对象从根本上说就只有逻辑上的或虚拟的存在。对象其实不能脱离语言和思想存在，所以维特根斯坦也经常把对象说成"思想的对象"。

语言是实在的图像

实在对象和语言处在一种什么样的关系状态呢？为了解决这一语言的本质问题，维特根斯坦在《逻辑哲学论》中提出了图像论。

维特根斯坦图像论的基本观点是：语言与世界对应。《逻辑哲学论》论述了语言和人类思想如何成为可能这一问题。用英国哲学家布赖恩·马吉的话来说，它"强调几乎所有重要的东西都根本不能阐明，至多只能通过语言来加以表述"。

在《逻辑哲学论》中，维特根斯坦指出，要让哲学成为语言学问题，哲学必须把问题讲清楚。他提出，"对象构成世界的实体……如果世界没有实体，那么一个命题是否有意义就依赖于另一个命题是否为真。这样一来就不可能起草世界的任何（或真或假的）图画"。

维特根斯坦曾对一个朋友说过，他是在战壕里得到语言作为实在的一个图像这个想法的。他在东线的一个战壕里读着一本杂志，上面提到在巴黎一个法庭上用玩具模型来表现一场实际发生的车祸，这是一幅描述在一次汽车事故中事件的可能次序的略图。这幅略图在这里就起着一个命题的作用，也就是说，是对事物可能状态的一个描述。它具有这种作用是由于图的各个部分与实在的事物之间有一种对应关系。这给了他图像论的灵感，使维特根斯坦想到，可以把这个类比倒过来，说一个命题就相当一个图像，因为它的各部分与世界之间有类似的对应关系。命题的各部分组合起来的方式——命题的结构——描述了实在成分的一种可能的组合，即事物的一种可能状态。也就是说，命题是事态的图像，一边是发生的事情，另一边是图画之类对事情的表现、摹画，"一个命题是一个事态的描述"。当然，语句不是字面意义上的图画，维特根斯坦把语句这种图画称为事态的"逻辑图像"。

维特根斯坦认为，世界完全是由独立而简单的事物构成，复杂的事物构筑于这些简单的事物之上。语言能够表达某种事物的状态，就像绘画能够勾勒出房间里的家具摆设。然而，这种关系虽然可以得到显示，却不可能被说清，因为表达本身并非一个事实或一种物体。同逻辑和数学一样，语言也可以有同义反复，比如，"一个刚刚开始的初学者"就是一种同义反复。除了描绘事物和表达同义反复以外，语言没有其他的功用。

在此，原子命题摹画原子事实。原子命题互相独立，一原子命题为真或为假，不影响其他原子命题的真假。就像原子事实不能进一步分析为更基本的事实，而只能分析为对象及对象的配置一样，原子命题不能分析为更基本的命题。在这个意义上，它是"不可分析的命题"，只包括不可定义的符号。

进一步说，复合命题对应于复合事态。由逻辑常项联结的命题都是复合命题，可以分析为原子命题。所有关于复合物的命题，都可以分析为关于其组成成分的命题。复合命题不包含比原子命题互相联系以外更多的内容，因此，复合命题是可以充分分析的。

维特根斯坦认为，哲学中常见的伦理和形而上学等概念或表达没有任何意义，因为它们既没有举出事实，也不是同义反复。有关语言的理论，试图表明一种关系，但这种关系只能由人去领会，而不能够被表达。他同时认为，形而上学是一种有着重要意义的废话，因为它让人们意识到这是一种废话；哲学家们也是废话连篇，但这是由日常语言的不严谨所致。

在这里，维特根斯坦试图创建一种理想的语言，这种语言一旦被领会，人们就再也不会说废话，哲学也因此没有存在的需要了。哲学的目的在于回答有实质内容的问题，但如果事物和关系能够被完全领会的话，问题也就消失了。

不 可 言 说

《逻辑哲学论》一书表达的另一个重要的思想，也是最为有名的思想，就是关于那种"不能说出只能显出的东西"的学说。

"沉默"作为一个哲学术语，在维特根斯坦的前期哲学中占了相当大的分量。《逻辑哲学论》最后一章只有总题一行字："对不可说的东西我们必须保持沉默。"当时，在维特根斯坦给罗素的一封信中，他解释道："我相信我已经最终解决了我们的问题"，并补充说："这听上去可能很傲慢，但我不得不这样认为。"他自己觉得这本书写得"像水晶一样清晰"，但另一方面又觉得"没人能理解"，因为"它推翻了我们所有关于真、类、数的理论以及所有其他理论"。维特根斯坦把这本书的中心论题概括为：什么能被命题（或语言）说出（或思想），什么不能被说出而只能被显示。这一点在该书序言中是这样表述的："这本书的全部意义可以概括如下：凡能够说的，都能够说清楚；凡不能谈论的，就应该保持沉默。"

维特根斯坦在《逻辑哲学论》这本书里多处谈到不可说的东西。他说："的确存在着不可言说的东西，它们显示自身。""能够被显示的，不能被言说。"维特根斯坦的不可说，是那种"只可意会，不可言传"的意谓。

《逻辑哲学论》认为哪些东西是不可说的呢？

哲学问题是不可说的。维特根斯坦认为，实证科学是对世界的摹画，哲学不是。哲学不提供实在的图像，既不能确证也不能驳倒科学的研究。《逻辑哲学论》刚写成后，维特根斯坦在写给罗素的一封信中，就把为可说的和不可说的划出界限称为"哲学的根本问题"。哲学的工作是要为说出有意义的命题做清场准备工作。维特根斯坦在《逻辑哲学论》的结尾处，把自己的逻辑哲学比作梯子，说"我的命题可以这样地说明：理解我的人当他通过这些命题根据这些命题越过时（他可以说在他爬上梯子后把梯子抛掉），终于知道这些命题是没有意义的"。这一思想和庄子提出的"得鱼忘筌，得意忘言"的提法有异曲同工之妙。

伦理学、美学是不可说的。《逻辑哲学论》中的有些段落说，伦理学、美学等所谈论的是一类特殊的事实，它们都不是实证科学，都不摹画世界。"善的本质和事实没有任何关系。""伦理学是不可说的"，而美学同伦理学是同一个东西。他觉得人们在空谈伦理问题，而他自己则通过对可议论的事情的言说来对不可议论之事保持沉默，通过这种方式把一切安放在适当的位置上。维特根斯坦主张有不可说之事，但他的另一半话却是："能说的都能说清楚。"只有充分说清楚，才能让没说出的、说不出的充分显示。维特根斯坦努力把能说的说清楚，从而把不可言说之事保持在它充分的力量之中。

神秘的东西是不可说的。哲学、伦理学、美学等所谈论的之外还有一类神秘的东西。如生命的意义等问题都是事实之外的东西，这些东西也被称作神秘的东西。他曾论证说，神秘领域中一切都是必然的，而语言只能言说偶然的东西。例如，语言只能言说和语言同构的东西，能分析的东西，而神秘领域中的一切都是不可分析的。我们甚至不可能对神秘事物命名，因为神秘事物不是对象。那么，它们还是"事物"吗？还是"东西"吗？它们还具有神秘的属性或本质吗？我们就像在追问看不见的东西是什么样子的。"神秘事物"本身是一个特殊的存在，对于它们，我们需要真诚而彻底的沉默。

不易说的东西提示一种深度，不可说的东西提示一种更深的东西。维特根斯坦这里所揭示的是，有些东西明明知道，就是说不出。他后来曾举出几个句子，借以比较知道和说出："勃朗峰高多少米——'游戏'一词是如何使用的——黑管的声音是什么样的。"他评论说："如果你奇怪怎么可能知道一件事却说不出来，那么你大概想的是第一个例子。你肯定想的不是第三个例子。"的确，沉默有时比滔滔不绝交流得更多更深；然而，"为了能沉默，人必须有东西可说"。隐含是说出之事所隐含的东西，没有明言就没有隐含。他声称有些问题是不可言说的，是因为在它之中可有更深一层的理解。如哲学就是"通过清楚地表现出可以言说的东西来意谓不可言说的东西"。

不可说的东西并不是不重要的东西，实际上正好相反。

维特根斯坦对不可说的东西给予了极大的关注，在他写给出版商费克的信中是这样概括《逻辑哲学论》这本书的重要学术价值的：《逻辑哲学论》的观点"是一种伦理的观点"，并称这一点也许是"了解这本书的一把钥匙"。这本书有两个部分，一个是写出的部分，另一部分没有写，而正是没有写的那一部分才是重要的部分。

"不可言说"常常和神秘主义相连，因此罗素很早就觉得维特根斯坦有神秘主义的倾向，后来断定他转变成为一个纯粹的神秘主义者。但是，维特根斯坦关于"沉默"的思想表达了一种独特的生活见解，对后人是有影响的。传记作家巴特利著《维特根斯坦传》时，也沿袭了维特根斯坦的做法。他花了十年时间，走访了维特根斯坦生活过的地方，其中有一部分经历被称为是"丢失了的生活"，查找了大量的一手、二手资料和文献，但最终发表成文的，却只是一本不到二百页的小册子。他对维特根斯坦的私生活不予置评，对其哲学理论也不妄下论断。除去同样重要的前言、跋和每一章后面所列的注释，真正的内文恐怕不到一百页。巴特利没有写出的那一部分，努力用"沉默"来表达他对维特根斯坦的敬意。

《逻辑哲学论》发表后，在西方思想界产生了很大的影响。这本不到十万字的格言体著作，开创了一个崭新的哲学流派，扭转了 20 世纪哲学的方向。英国语言分析哲学家艾耶尔在一本讨论维特根斯坦的书中曾这样赞叹：维特根斯坦如此伟大，以至于成为仅次于罗素的哲学家。当时，卡尔纳普是一个著名的逻辑学家。当有人告诉维特根斯坦，卡尔纳普的《世界的逻辑构造》剽窃了《逻辑哲学论》中的思想时，维特根斯坦大度地一笑："我不在乎一个小孩偷了我的一个苹果。"

发表了《逻辑哲学论》后，它的作者认为他已经解决了所有的哲学问题，因此，哲学在维特根斯坦那里终结了。与这种看法相一致的是，他应该放弃哲学。

乡 村 教 师

哲学家的生活本身就是哲学问题。

在《逻辑哲学论》一书出版后，维特根斯坦认为他已经解决了所有的哲学问题，随即放弃了哲学，满怀着托尔斯泰式教化农民的浪漫愿望，去接受教师培训。1919 年至 1920 年，他在维也纳一个学院的教师训练班里接受小学教师的训练。在一个学年里，维特根斯坦学习了教育理论、自然史、书法和音乐等课程。拿到教师证书后，维特根斯坦收拾了极少的行李便离开了维也纳，1920 年至 1926 年到奥地利南部施内贝格区和塞麦林山区一个叫特拉腾巴赫的小村庄去当一名乡村小学教师。

讲述伟大的人和事情

任教的奥地利南部小镇，是一个贫穷偏远的地方。传记作家巴特利在写《维特根斯坦传》前，亲身考察了维特根斯坦当小学教师时任教的三个村镇。巴特利说，当他第一次去到维特根斯坦所待过的乡村访问，随便问一个正跪在地上拖地的头发花白的老妇，有没有听说过维特根斯坦这个人时，那个老妇站起来大声地说："哈！当然！"

维特根斯坦教小学生，在上课时用多种方法鼓励孩子们主动投入学习，用富有趣味的实例来解释事物的原理，用全部激情与生命去浇灌那些懵懂的孩子。他十分注重数学教育，传授给小学生们一些高等代数、几何学和逻辑哲学的知识，使班上学生的数学水平达到了其他同龄学生不可企及的程度。

维特根斯坦用自己的显微镜辅导学生观察小动物的骨骼，通过组合制作猫的骨骼来学习解剖。他通过观察繁星，辅导学生来了解天文。自己花钱领孩子们旅行、参观，在当地的短途旅行中教孩子们识别各种岩石和植物，在维也纳教孩子们观察各种风格的建筑。

维特根斯坦一直向往开飞艇，他带着学生们组装蒸汽机的杠杆模型，以及其他几乎所有教学模型，还曾帮乡民们修好了一架从维也纳请来的工程师都未能修好的蒸汽机。

他引导学生提问，让他们在提问中了解知识。他从不歧视小学生和村民们的方言与原始宗教信仰，为他们朗诵诗歌，吹奏单簧管，讲解说谎者悖论。在他所待过的村子，学生们无比神往每天夜里的交流会，老师会用他深沉的嗓音，给他们讲述一些伟大的人和事情。他最好的学生是艾默里奇·科德霍尔德、卡尔·格鲁伯和奥斯卡·福克斯这三个粗壮的大男孩。对这些禀赋优异的孩子，维特根斯坦更是关怀备至，甚至曾提出收养其中一个，可是那个孩子的父亲拒绝了这个"疯狂的家伙"。维特根斯坦说他厌恶伦敦那些粉气十足的少年绅士，而对这些狂放的年轻人有着特殊的好感。在近七年的乡村小学教师生涯中，维特根斯坦为了帮助学生掌握拼读和语法，从学生的作文中收集词汇，编辑了一本《国民小学生词典》（也叫《德语难语词典》），这是他生前除《逻辑哲学论》之外付印的仅有著作。在向学生们讲授字词的用法时，维特根斯坦渐渐意识到，他早期关于命题与事件一一对应的图像理论，将指称功能视作语言的唯一用法，失之偏颇。也正是在这个过程中，他思考着语言的各种不同使用功能，为思想的转向奠定了基础。

在做乡村小学教师期间，维特根斯坦过得极其简朴，就像现代文明中的一位隐士。即使在都市中生活，他的住所陈设也总是非常简单，简直看不到现代文明的一点影子。吃什么对他来说是无所谓的，即使总是同样的饭菜也可以。可他却每周翻越山岭，回到长姐海尔曼家里给孩子们用包裹背来成袋的水果，而他自己住在村民法赫特的家中，压力锅里积满了锅巴。学生们都说：老师煮的饭难吃死了。他喜欢散步，散步的持久力令人惊异，闲暇时他喜欢看侦探小说。

　　维特根斯坦是一位个性十分突出的人，远离了城市的喧嚣，除了老师罗素和朋友费克等少数几个亲密的人以外，没有可以信赖的朋友，有的只是孤寂。他在1921年写给一位朋友的信中说："从道德上讲，我已经死亡一年多了……我也许是今天并不罕见的那些例子中的一个：我有个使命，却没有去完成，这种失败摧残着我的身心。我需要有所作为，我希望成为天上的一颗明星。然而，我却在沉湎于这地球，并且逐渐走向消殒。生活对我来说，已经完全失去了价值，只剩下一些毫无意义的片断。周围的人一点都没有看到这一点，也不会理解我的所感，但我明白自己有着一个致命的弱点。如果你不知道我在说什么，这对你来说着实是个幸运。"

　　维特根斯坦在教室里的努力没有得到村民们的认可，因为他那些学生越来越不愿意下地干活而希望多和他待在一起。加上他经常对学生进行体罚，当女学生答不出问题时，他就会上去扯她们的头发，这种做法使学生的家长深感愤怒，以至村民们都对他怀恨在心。家长们不能接受孩子们成天和这个"怪物"混在一起。终于，村民们的冷漠伤害了维特根斯坦，他明白自己被孩子们的家长拒绝了。在那几年里，维特根斯坦从一家小学校转到另一家小学校，所受的遭遇大同小异。这使他失望得几乎想自杀，幸亏得到一名牧师朋友的相劝。

维特根斯坦特别喜爱的那几个得意门生，后来大多因为家庭的阻挠而提前放弃了学业。不过，这些只能在乡村种地的人，在多年之后仍能流利地复述出"说谎者悖论"和关于语言的一些话题。

孤寂的沉思者

近七年的乡村小学教师生涯，不仅抚慰了他那颗浮躁的灵魂，而且使他对哲学也有了新的体认。这一时期时常有人到乡下访问他，从访问者的记录来看，他并没有停止哲学思考。他和访问者几乎只谈哲学问题，并且在解释自己的哲学观点时颇为激动。据《维特根斯坦传》的作者巴特利说，维特根斯坦在南奥地利当小学教师的岁月里并没有放弃哲学研究，他一直在继续思考哲学，并且这个时期恰恰是维特根斯坦从早期思想转变到后期思想的关键岁月。的确，从他后期所持的"日常语言立场"来看，有理由猜测，他对小学生的教学，以及和普通人的来往，对他的哲学态度产生了影响。后来，他重返剑桥大学哲学系时，他的哲学思想已有很大的改变，不再专注于语言的认识论方面，而是强调语言游戏的多样性。在不同的语言游戏里，需要以不同的方式来确定语句的意义和语句为真。

1923 年，一位来自剑桥的年轻人弗兰克·拉姆齐到乡村小学访问了维特根斯坦，和他进行了哲学交谈。拉姆齐在 1923 年以及 1924 年数次拜访维特根斯坦，其中 1924 年那次历时六七个月。两人探讨了《逻辑哲学论》。拉姆齐参加了《逻辑哲学论》的翻译，维特根斯坦提出了英文翻译中的若干改动，这些改动后来为第二版所采纳。他们还讨论了数学基础问题以及在《数学原理》第二版中将做的某些变动。在 1924 年 3 月 24 日，拉姆齐给凯恩斯写了一封信，谈到维特根斯坦显然感到运思是一项艰巨的工作，因而需要像拉姆齐那样的人给予他激励。维特根斯坦随后（1924 年 7 月 4 日）写信给凯恩斯说："你在信中问是否有可能帮我回到科学研究上来有所作为？我的回答是：不。在这一方面我已没有什么可做的了，因为，对此我自己不再有任何强烈的内在动力。我真正要说的已经说了，而且我已才思枯竭。这听起来有些奇怪，但是，事情就是如此！"后来，拉姆齐力劝维特根斯坦去英国作一次访问。他的努力得到了凯恩斯的支持，凯恩斯甚至还为促使维特根斯坦成行而筹款。1925年夏天，维特根斯坦终于去访问了他的英国朋友们。

继拉姆齐之后，奥地利维也纳大学的一位哲学教授石里克也着手同维特根斯坦建立联系。当时，石里克作为维也纳小组的奠基者和领袖正日享盛誉。在维也纳，《逻辑哲学论》成了热门话题。数学家哈恩在1922年就这一著作开办了一个专题研讨班。石里克当时刚来到维也纳，也被该书深深触动，在1924年12月25日，石里克给维特根斯坦写了一封信："作为您的《逻辑哲学论》的仰慕者，我早就想与您联系了。但是，由于我的授课工作和其他的一些事务，这一想法一直未付诸行动，转眼，我到维也纳已将近五个学期了。每个冬季学期，我与我的同事和一些对逻辑和数学基础感兴趣的极有天赋的学生都定期聚会，我们常常提到您的大名，尤其是自从我的数学同事魏曼斯教授在一次讲座上就您的著作作了报告以后，我们所有的人都对此产生了极浓厚的兴趣。因此，这里有许多人——包括我——深信您的基本思想的重要性和正确性，并且有一种强烈的愿望，想做点什么，以使您的观点得到更为广泛的传播……对我来说，如能与您会面将会令我倍感荣幸，我很乐意有机会到施内贝格拜访您。除非您不希望有人打搅您的乡居生活。"

后来，维特根斯坦和石里克开始了持续多年的交往。由维也纳小组发起的语言哲学运动，部分地归因于维特根斯坦和石里克之间的私人交往。

由于奥地利乡村农民的不理解，他在这期间曾想过进修道院，但终因不满意修道院的生活条件而作罢。不过，他还是在维也纳附近找到了一个同修道士在一起的园丁助手的工作。他同修道士在一起的生活并不长，1926 年，维特根斯坦离开了"粗俗愚蠢的南部农民"，结束了乡村教师的生活。

第4章

善 与 幸 福

　　现在我就不再说"伦理学是对善的东西的探索",而是说,伦理学是对有价值的东西的探索,或是对真正重要的东西的探索,或者我会说,伦理学是对人生意义的探索,或者是对使生活过得有价值的东西的探索,或者是对正确的生活方式的探索。我相信,如果你们看到了这些话,你们就会对伦理学所讨论的问题有了一个大致的看法。

　　　　　　　　——维特根斯坦《关于伦理学的讲演》

何 为 伦 理

在维特根斯坦的思想活动中，伦理道德一直是他着力探讨的问题之一。在他看来，伦理道德是人生的中心问题。无论是在早期家庭生活中，还是在战场上、在大学教学过程中，他都没有离开对这类问题的思考。

思考"说谎"问题

早年的维特根斯坦就开始关注伦理道德问题。除了他的哥哥们的自杀事件引发他对生存与死亡这些重大问题的思考之外，他也对生活中一些小的道德问题进行了思考。以"说谎"问题为例，据说，在八九岁的时候，他就向自己提出过这样的问题："如果说谎有利，我们为什么还应当说实话？"他在成年以后，还从不同的角度对"说谎"这一传统的道德问题进行了思考。

在写于 1933 年至 1934 年的《褐皮书》中，他说："比较一下在这两种场合下对谎言的体验。在头一种场合下，谎言往往是由下述这种情况来标志的：我们的话语没有由相应的感觉所伴随，甚至被相反的感觉所伴随。我们觉得我们难于显示出一副友好的面孔。——如果我们在第二种场合下说谎，我们那时也许有一种与我们向某人真实地告诉火车出发时间时的体验不同的体验，可是区别不仅在于缺乏一种对意指而言具有代表性的感觉，而且在于有一种不安感、无把握感等等。"

在写于 1937 年至 1944 年的《论数学的基础》笔记中，他说：

> 有个人向人们走来，并且说："我从来都说谎。"人们回答说："那么我们可以相信你!"——但是，他能够指他所说的吗？难道不会有一种感觉：不能说出真正为真的东西；让它是它一直是的东西？

> "我从来都说谎!"——嗯，那么这句话又怎么样？——"这也是句谎话!"——但若是这样，你就并不总是说谎！——"不，全是说谎!"

> 或许我们可以这样来说这个人：他所说的"真话"和"谎话"与我们所指的意思并不一样。他或许是想说类似这样的事情：他的话闪烁其词；或者，没有一句话是真正过了他的脑子。

> 也可以说：他说的"我从来都说谎"其实并不是断定，倒不如说它是声明。

最终，在克劳斯的影响下，维特根斯坦对说谎问题做了一个康德绝对律令式的回答："你应当说真话，仅此而已；而'为什么'的问题，既不适当，也不可能回答。"而"你要想让这个世界变得更好，唯一能做的就是让自己变得更好"。把对这一问题的回答从理论的反思返回到实践领域，并确立了解决这一问题的伦理方案，即"你应当说真话"。

他对所有伦理道德问题的思考、分析和论辩，都没有停留在思辨的层面上，而是最终都将思考的结果回归落实到现实行动上，在自己的生活中首先加以实行，这是维特根斯坦处理伦理道德问题的一个真正新颖的实践模式。在考察他对其他伦理道德问题的分析时，还会看到这一模式的影子。

维特根斯坦的拨火棍

后来，在他就任剑桥大学的哲学教学与哲学研究教职时，道德哲学也是维特根斯坦经常思考和讲授的问题。在探讨和研究的过程中，还发生了一件令他很不愉快的事件，就是被称为"维特根斯坦的拨火棍"事件。

1946 年 10 月 25 日晚 8 点 30 分，在剑桥大学国王学院吉布斯楼的 H 单元 3 号房间里，十几个哲学青年和一群教授哲学家正围坐在火炉旁举行会议。这是剑桥大学的道德科学俱乐部正在进行的一场学术报告会，也是他们的一次学术例会。会议的主持人是维特根斯坦，报告人是来自伦敦经济学院、时年 44 岁的卡尔·波普。维特根斯坦在当时的剑桥以及整个英国哲学界已经声名显赫，而波普在学术界则刚刚崭露头角。一年前波普出版了《开放社会及其敌人》，这部书为他赢得了一定声誉，伦敦经济学院授予他高级讲师职位。

波普的报告主题是"是否存在真正的哲学问题?"他指出，我们每天都会面临许多问题，其中有些是经验问题或常识问题，但有些则是哲学问题或道德问题。比如，我们究竟是谁? 我们是否真的能够认识我们周围的世界? 我们死后去了哪里? 为什么说精神是永恒的? 等等。这些问题是无法通过经验得到回答的，只有通过哲学的反思和逻辑的推理才能达到理解这些问题的目的。

当时，维特根斯坦对波普的这种观点不以为然。因为在他看来，一切所谓的哲学问题，都可以通过逻辑分析得到消除，最终发现它们并不是真正的问题，只是错误地使用或理解了日常语言的结果。

在维特根斯坦的周围，在观点上敢于与他面对面地直接交锋的哲学家为数不多，而波普就是其中的一个。维特根斯坦和波普，两个维也纳的犹太人，他们出生的地方距离只不过五百米。维特根斯坦是德国第二富豪、钢铁大王卡尔·维特根斯坦最小的儿子，出入于奥地利上流社会及最有文化的人中间。卡尔·波普则出生于一个有着很高教养的律师家庭，家里有上万册藏书。虽然在维也纳未曾见过面，他们的朋友圈子却有相当部分是重叠的。他们共同经过了第一次世界大战，也都从事过中小学教育；在希特勒吞并奥地利的前夕，他们不约而同地逃离了奥地利；最后，他们都入了英国籍。波普身材矮小，长耳阔胸，对外表有着深深的自卑情结，但在好斗、苛刻上比起维特根斯坦也毫不逊色。数学家艾弗·格拉坦·奎因斯这样描述波普："坦白地说，他不能使学生受到鼓舞，因为他知道得太多而表达又很晦涩。自然，这使你甚至还没开口就会感到愚蠢。他用这种方式当着学生的面侮辱自己的同事（*比如我*）！"如果谁回答问题时冒冒失失，就会遭到考问，一直到承认错误并道歉为止。

在这次报告会上，维特根斯坦与波普之间就是否存在真正的道德问题展开了激烈争论。在争论中，维特根斯坦怒气冲冲地随手举起正在拨弄火炉的烧得通红的拨火棍，指着波普逼问道："请你给出一个真正的道德问题！"波普随即反唇相讥："请不要用拨火棍威胁一个受到邀请的客人！"面对这一场面，一旁的罗素大声呼喊："维特根斯坦，快放下拨火棍！"维特根斯坦听后，扔下拨火棍，退场而去。

关于这次道德哲学的争论，波普本人后来在自己的思想自传中回忆到，道德哲学俱乐部要举办每周例会。这个例会，通常会邀请来自不同领域或不同地方的著名学者做一个有关道德学和哲学方面的学术报告，参加者一般是剑桥大学的哲学教师和研究生。这场报告会邀请的是著名哲学家波普，所作报告的题目是"哲学困惑"，当时担任报告会主席的是维特根斯坦，哲学家罗素也参加了报告会。

波普知道，维特根斯坦曾在《逻辑哲学论》中宣布了根本不存在真正的哲学问题，所谓的哲学问题经过分析都可以还原为或改写为逻辑问题。所以，他在报告开始之前就特意把题目改为"是否存在真正的哲学问题？"主要分析当时被看作哲学困惑的问题，而造成这些问题的关键是违反了通常的道德规则。

在演讲过程中，维特根斯坦多次打断波普的演讲，认为波普完全混淆了问题，因为在他看来，波普所说的所有哲学问题都并不是真正的问题，而是错误地使用语言而已。

波普回忆说，他在这次报告之后还曾收到不少来信，询问他与维特根斯坦之间的冲突。波普自己也承认，他对这个事件的描述有部分夸大的成分，但他并没有直言究竟是哪些部分被夸大了。在随后出现的各种说法中，这次冲突被以各种方式夸大了。

事隔五十多年之后，在 2001 年，英国 BBC 的两位资深记者大卫·埃德蒙和约翰·恩迪南就波普与维特根斯坦之间发生的这段短暂的历史性论战写了一本详尽的书——《维特根斯坦的拨火棍：两个伟大哲学家之间十分钟论战的故事》。书中惊人地披露了一些当时报告会参加者的回忆材料，这些材料都在表明："波普在撒谎！"

在书中，波特·蒙兹回忆道，维特根斯坦当时并没有威胁波普，他只是过于激动，脾气很坏，没有控制住自己。勒维则认为，波普所讲的故事完全是编造出来的。还有的人甚至说，波普在去世前不久曾给他写信，请求原谅他在这件事情上所犯的错误，但这个人却明确地表示他不能原谅波普，甚至永远都无法原谅他。约翰·瓦特根斯具体说明了波普故事的错误，比如在邀请信上并没有明确地说是请他作报告，而只是请他对某些哲学困惑作一个开放式的讨论；维特根斯坦作为会议主席，曾打断过波普讲话，而他使用拨火棍只是作为示意，而不是威胁；波普被要求给出关于道德原则的例子，他的说法还曾引起了大家的笑声；维特根斯坦是在会议结束之前离开的，但不是扬长而去，而是轻掩房门。

"伦理学"的定义

伦理问题是维特根斯坦思想的最终指向，研究他的伦理学思想，对理解他的思想和生活具有相当的重要性。在维特根斯坦去世后，他的姐姐在《我的弟弟路德维希：回忆维特根斯坦》一文中说，维特根斯坦如果尚未解决他品性、生活当中的伦理问题和个人困惑，他是不会进行哲学思考的。在维特根斯坦的研究专家们看来，维特根斯坦眼中的伦理问题，实际上就是人生意义问题。维特根斯坦的一生，正是孜孜追求有价值生活的一生。他对于伦理道德的研究，既源于对人生根本性的困惑，也是对这些困惑的一种解答。

维特根斯坦对伦理道德问题的研究成果，主要集中在早期著述《1914—1916 年笔记》《逻辑哲学论》和中后期著述《维特根斯坦与维也纳小组》《哲学评注》《关于伦理学的讲演》《关于美学、心理学和宗教信仰的讲演和谈话》《关于弗雷格〈金枝〉的评论》《文化和价值》等中。

对伦理学这一理论的探讨，是从对"伦理学"这个概念本身的界定开始的。维特根斯坦的早期思考，就是围绕道德问题展开的。他在《1914—1916 年笔记》中说：

如果除我之外别无生物，那么是否可能有任何

伦理学呢？

如果我们认为伦理学是某种根本性的东西，那

么即使没有别的生物，也会有某种伦理学！

依据这一笔记整理而成的、他在世时唯一正式出版的《逻辑哲学论》，他把这部书看作"伦理性质的"。1919 年10 月或11 月底，维特根斯坦在写给费克的信中说，《逻辑

哲学论》"这本书的意义是伦理性质的。我曾经想在前言中写下这样一句话，它现在事实上没有出现于其中，但是我现在写给您，因为它或许为您提供了理解的线索；这句话是这样的：我的著作是由两部分构成的，一为现在呈现在读者面前的这些内容；一为我没有写出的所有内容。恰恰是这第二部分内容是重要的。这也就是说，经由本书伦理的事项的界限可以说从内部被划出来了；而且我确信，严格说来，这个界限也只能以这样的方式划出。简言之，我相信：在我的书中我已经以这样的方式将许多人现在正喋喋不休地谈论的所有东西确定下来了，即我待之以沉默"。

《逻辑哲学论》一书的主旨或人生的终极目的，就是人生伦理问题，这是他所有沉思的出发点和归宿。他这样说道："世界与人生是一回事。""因此，也不可能有任何的伦理命题。""时空中的人生之谜是在时空之外解开的。""我们觉得，即使一切可能的科学问题都被解答了，我们的人生问题还是没有触及。"

维特根斯坦认为，伦理学的思考对象是人生，或者说是就人而言的世界。一方面因为"世界与人生是一回事"，另一方面因为"我是我的世界"，因此这种人生问题所涉及的，也就是伦理学需加以探讨的主体（我）与世界的关系问题。在 1929 年关于伦理学的讲演中，他试图对真正重要的、有价值的事物进行探索，来寻找一种正确的、有意义的人生或生活方式。他认为，这种人生可以规范人们的思想与行为，同时还可以为人们的思想和行为作出伦理辩护。他在讲演的第33节中，表达了这样一种观点——伦理学的缘由是关涉人生终极意义和绝对价值的。

1929年12月30日，他在石里克教授家举办的维也纳学派的讨论中，也曾就"伦理学"这一概念的界定发表看法。在他看来，伦理、善等是无法定义的，具有不可定义性。他说："对语言界限的这种碰撞就是伦理学，我认为重要的是，人们终止了关于伦理（是否是知识，是否有价值，善可否定义，等等）的所有空谈。在伦理学里，人们总试图有所言说，而所说的东西却不涉及事情的本质，而且也永远不可能涉及事情的本质。"实际上，他在这里要表达的是，伦理是一种现实的实践活动，它本身以活动的形式出现，而其本身则具有不可定义性。

在1930年1月2日举办的另一次讨论中，他进一步表达了这个思想，认为"我所描述的一切都存在于世界中。在完整的世界描述中从不会有伦理学命题，即使我描述的是一个杀人犯。伦理学的东西不是事态"。

不可能有伦理命题

为了深入表达对伦理学这一传统理论的新见解，维特根斯坦进一步对伦理学的命题进行批判性的思考。在他看来，伦理学等问题处在语言界限之外，是不可言说的，对不可言说的东西，我们应当保持沉默。在《1914—1916 年笔记》里 1916 年 7 月 30 日的笔记中，他就指出了这一点："显然，伦理学是无法表达的！"后来，他又在《逻辑哲学论》中多次明确地指明："的确有不可说的东西，它们显示自己，它们是神秘的东西。""因此，也不可能有任何伦理的命题。命题不可能表达高妙玄远的东西。显然伦理是不可说的。""意志，作为伦理的东西的载体，是不可说的。""神秘的东西不是世界如何，而是世界存在。"

之所以是不可说的，这是因为伦理学与宗教等理论与生活涉及人们对生活的看法，也就是说，它们涉及的是人们的生存意志。这些问题，按他在伦理学讲演第 32 节中说："我整个的倾向和我相信所有试图撰写或谈论伦理学或宗教的人的倾向，都碰到了语言的边界。"不可说，是因为它们处在语言的边界之外。

在后期思想中，在探讨语言哲学时，他又重提这一观点。他说，人们所使用的语言只包含自然的意义，只能表达事实，而伦理却是超自然的，因此，"伦理学就它源自想述说有关生活的根本意义、绝对价值的东西而言，绝不可能是科学。它说的东西没有给我们的知识增加任何东西。但它是人类心灵中一种我个人不能不深深尊重，不能为了我的生活而嘲笑它的倾向的证书"。

伦理学既然是不可言说的，那么人们为什么还要构造"伦理学"这一语词呢？对这一问题，维特根斯坦在《关于伦理学的讲演》第22—25节中解释说：

> 我现在想让你们认识到，对我们语言的这种典型的错误使用遍及所有的伦理和宗教表达式。所有这些表达式表面上看上去似乎都是明喻。因此当我们在伦理意义上使用"正确"这个词时，尽管我的意思不是在不重要意义上的正确，不过这多少有点相似，同样，当我们说"这是个好人"时，这里的"好"，并不是指"这是个好足球队员"这句话里的意思，虽然这里有相似之处。当我们说"这个人的一生很有价值"，我们并不是指我们在谈论珠宝的价值时所说的价值，虽然这里好像有某种相似。"

（第22节）

> 所有的宗教术语在这种意义上似乎都被用作明喻或寓言式的。因为当我们谈及上帝，意谓上帝无

所不知；当我们跪下向他祈祷，我们所有的言语和行为都似乎成为一个伟大精制的寓言的组成部分，这个寓言把上帝视作一个拥有无边法力的人，我们力图得到他的恩典，如此等等。（第23节）

但是，这个寓言也描述了我们所谓的体验。我认为，所谓的体验，确切地说首先应为人们在谈及上帝创造世界之时所指的东西；其次是绝对安全的体验，而对绝对安全的描述，只有通过说"在上帝庇护之下我们感到安全"才能得以完成。第三类体验是负罪感，同样对负罪感的描述，也是通过"上帝不赞成我们的行为"这一措辞方式来完成的。（第24节）

因此，在伦理学和宗教学语言当中我们经常使用明喻。但明喻一定是"明喻"着什么。如果我能够用一个明喻来描述一个事实，那么我也就能够放弃这一明喻而不假借于它进行描述。因而，就我们的这种情况，一旦当我们试图放弃明喻这种方式而直接陈述其背后的事实，我们就会发现其背后根本就没有此类事实。因而，那些最初看起来似乎是明喻的表达，其实仅仅是无意义的胡说八道而已。（第25节）

只有事实，没有伦理学！

对伦理学之所以要保持沉默，在于"伦理"是超验的。维特根斯坦在《1914—1916年笔记》中说："伦理学不讨论世界。伦理学像逻辑一样，必然是世界的条件。""伦理学是超验的。"在《逻辑哲学论》中说："显然……伦理是超验的。"

后来，他在1929年11月17日受奥格登之邀在赫里迪斯学会所作的《关于伦理学的讲演》第10节中，又列举了现实生活中发生的事件，对它们进行分析。他指出，在我们的世界见闻录中，我们阅读了一起关于谋杀的详细描述（包括作案具体行动和心理活动），这些纯粹事实的描述并没有包含我们称为伦理学的命题。谋杀和其他事实（比如说一块石头掉下来）一样，完全处于同一层次。当然，看到这些描述会引起我们的痛苦、愤怒或其他情绪，或者我们会读到其他人在听到这种谋杀时所引起的痛苦或愤怒，但是这里仅仅只有事实！事实！事实！而没有伦理学。如果伦理学是某种东西的话，那么它就是超自然的，而我们的词却只表达事实，正像一个茶杯只能装一杯水，即使我再倒上一加仑水，也只能盛一杯水。维特根斯坦宣称，"这里仅仅只有事实！事实！事实！而没有伦理学"，他的意思就是把人们通常意义上所说的"伦理学"放置在世界之外。在《关于伦理学的讲演》中，他继续说道：在我看来，显然我们任何时候都不能想象或者说出这种东西（伦理学）应该是什么。我们无法写一本科学著作，它的主题能够是真正崇高而且超越所有其他主题之上的。我只能通过比喻来描述我的情绪，即如果一个人能够写出一本确实是关于伦理学的著作，这部著作就会一下子爆炸毁灭世界上所有其他著作。

因此，维特根斯坦把伦理看作实践的，只与行为本身有关。他提出，一条具有"你应……"形式的伦理准则，人们首先想到的是：如果我不遵行这条准则，那会如何呢？但是，伦理与通常所谓的赏罚没有关系，因此关于一种行为后果的问题必然是无关紧要的——至少这些后果不应该成为什么事件。因为这个问题的提出必含有某种正确的东西。诚然必须有某一种类的伦理的赏和伦理的罚，但是这些赏罚必然就在行为自身之内。（而且也很明显，赏必是某种令人愉快的东西，罚必定是某种使人不快的东西。）

就伦理而言，关于一种行为后果的问题必然是无关紧要的。内在于某种行为的尺度，在维特根斯坦看来也就是绝对意义上的赏与罚，正是从赏与罚作为行为的内在尺度而言的，必然就在行为自身之内。

"应该"是什么意思？一个小孩应该做某某事意味着：

如果他没有做这件事，那么某些不愉快的事将会发生。奖励和惩罚，关于这个问题，重要的是其他的人被驱使去做某事。只有当存在着某种东西，它能给予支持和约束力——即一种惩罚和奖励的力量时，"应该"才是有意义的。应该本身则是无意义的。

伦 理 意 志

在维特根斯坦的伦理思想中，表达了一个看法：伦理是一个人的个性、生活态度以及行动，因而具有意志这一明显的性质。人们看到，维特根斯坦所做的事情，不仅说明了他不去做的事情，也说明了他的个性和生活态度。反过来，从他的个性和生活中，又可以找到对他所做的工作、对他的思想的某种解释。

人是意志的主体

在维特根斯坦看来，人是作为伦理意志的主体而存在的。他在《1914—1916年笔记》里1916年11月4日的笔记中说："主体是意志的主体。"进一步说，《逻辑哲学论》认为这种意志不是作为"表象主体意志"，而是"作为伦理主体的意志"。

意志，作为伦理的东西的载体，是不可说的；而作为现象的意志则只为心理学所关注。

如果善的或恶的意志活动改变世界，那么它只能改变世界的界限，而不能改变事实，不能改变可为语言表达的东西。

在这种情况下，世界必因而完全变成一个别样的世界。可以说，世界必然作为整体而消长。

由此可见，"作为伦理主体的意志"，所面对的是整个世界，而不是世界内的某一事情。换句话说，就是"世界是怎样的"已经悄然隐退，而"世界存在着"成为视野内的全部和唯一。当"世界存在着"成为我们必须面对的问题时，"我必须判断世界，量度事物"，我必须依据主体的意志对世界采取善的或恶的态度，以此赋予世界以意义。

我的意志是善的或恶的。

主体，是人的主体，也就是以他的身体为基础的存在。维特根斯坦所说的"人的身体"，如同世界之内的其他事物一样，都是一种存在物。他说：

> 人的身体，尤其是我的身体，乃是世界的一部分，是世界的其他部分，动物、植物、石头等等中间的一个部分。
>
> 凡是认识到这一点的人都不会要求赋予他的身

体或人体一种优越的地位。

他会非常质朴地把人和动物看作类似的和同属的事物。

一块石头，一个动物的躯体，一个人的身体，我的身体，全都是居于同一水平面上。

何为意志

那么，什么是意志呢？维特根斯坦认为，意志是主体对世界的一种态度。人进行活动时，要通过意志这一关。他说："意志，作为伦理的载体，是不可言说的；而作为现象的意志则只为心理学所关注。"

意志无论如何都是与人的行为联系在一起的，而且只存在着一种意志，即作为伦理事项承担者的意志。

无论如何，我能够想象，我实行了意志活动以举起我的手臂，但是我的手臂不动（也许是肌腱撕裂了）。不错，但是人们会说，肌腱肯定在动，而这恰恰表明，我的意志活动与肌腱而不是与手臂有联系。但是我们再进一步并且假定即使肌腱也是不动的，这样，我们就得出这个看法，即意志活动与任何物体都全然无关。因此，在这个词的通常意义上，意志活动是不存在的。

在《逻辑哲学论》中，仅有命题 6.373，6.374，6.423

和 6.3 等有限的几处论及意志问题，而在 1916 年 11 月 4日笔记中，他用了较多的篇幅来说明意志问题：

意志是对世界的一种态度吗？意志似乎必然总是与一表象相联系。例如，我们不能想象，我们实行了一个意志活动，却没有发觉我们已实行这一活动。否则就可能产生这个问题，即它是否已完全实行了。显然可以说，我们在世界上需要有一个意志的立足点。意志是主体对世界的一种态度。主体是意志的主体。

使我确信有一个意志活动发生的那种感觉是否有某种使其区别于其他表象的特征呢？似乎没有！但是这样的话，就可以想象，我可能产生这个想法，即觉得例如这把安乐椅是直接听从我的意志的。这是可能的吗？

在窗框上画正方形"□"时，我们注意到，只有完全撇开视觉形象而仅借助于肌肉感觉，我们才能做到这一点。因此这里涉及两个完全不同的意志活动。一个与世界的视觉部分有关，另一个则与世界的肌肉感觉部分有关。在这两种情形中涉及的是身体的同一部分的运动，对此我们是否不仅仅有经验方面的证据呢？那么情形是不是这样，即我使我的行为伴随着我的意志呢？但是，在这种情况下，我怎能预言（在某种意义上我的确能够预言）我在五分钟之内将举起我的手臂呢？怎能预言我将有此意愿？显然，尚未实行意志活动而有所意欲是不可能的。意志活动不是行为的原因，而是行为本身。人不可能有意志而无行动。

如果意志在世界上必须有一个对象的话，那么这个对象也可能是意欲的行为。而且意志必须有一个对象，否则我们就会没有任何立足点，而且不可能知道我们所意欲的是什么，而且不可能意欲各种不同的东西。

身体的随意运动不是像任何不随意运动一样在世界上发生，只不过它是伴随着意志而发生的吗？但是，它不仅仅伴随着意愿，而且伴随着意志。我们觉得自己对身体的运动可以说是负有责任的。

意义的获得

在事物、世界和人的意志或精神的关系上，维特根斯坦认为，正是从这一关系中产生出"意义"。他在《1914—1916年笔记》和《逻辑哲学论》中说：

事物只有通过其与我的意志的关系才获得

"意义"。因为"每个事物都是其所是，而非别一事物"。

世界在完全意义上成为我的世界，"我的世界"就意味着世界的个体化，自我因而进入哲学，成为伦理世界的中心。自我，是世界的界限，世界有意义的界限。

自我之进入哲学，是由于"世界是我的世界"。

哲学的自我并不是人，既不是人的身体，也不是心理学讨论的人的心灵，而是形而上学的主体，是世界的界限——而非世界的一部分。

表象的主体纯粹是空洞的幻想，但是意志的主体是有的。如果没有意志，那么也就没有被我们称为自我并且作为伦理之负荷者的那个世界的中心。

历史与我有什么关系？我的世界是第一个和唯一的世界！我要告诉人们我是怎样发现世界的。世界上其他人告诉我的有关世界的一切是我的世界经验的一个极其微小而无足轻重的部分。我必须判断世界，量度事物。

假定有一个意志的主体的理由是什么呢？难道我的世界还不足以造成个体化吗？

我的意志在某处触及世界，而无涉于他物。

（例如，我的愿望与这把安乐椅的运动有关，我的意志与一种肌肉感觉有关。）

我之意欲一个行动，就在于我干这个行动，而不在于我做了引起这个行动的其他某种事情。如果我移动某物，那么我自己就移动了。如果我干了一个行动，那么我就在行动。但是，我不可能意欲一切。——但是说"我不可能意欲这个"是什么意思呢？因为意志的考虑使得世界的一个部分比另一部分（那会是不能忍受的）对我更亲近。但是，当然不可否认，在一种通俗意义上，我做某些事情，而不做其他一切事情。因此意志不会同与之等价的世界相对立，那一定是不可能的。

愿望是事情的前导，意志伴随着它。假定有一个事件会伴随我的愿望发生，我会意欲这个事件吗？这种伴随是否与意志的被迫伴随相反而似乎是偶然的呢？

在维特根斯坦看来，正是人的意志，才将人的生活意愿输入到现实世界的变化当中，而这种生活的意愿，每个人都是不同的，这样就产生出千万种不同的生活，也产生出千姿百态的个人生活。

人生即是世界

在维特根斯坦那里，意志被视为伦理学世界得以成立的充要条件。他提出了人生即是世界的说法。断言我的意志充满世界，我的意志是善的或恶的，因此善恶与世界的意义无论如何是有联系的。

从人作为一种客体存在的客观角度说，他认为世界是被给予我的，就是说，我的意志完全是从外面进入世界的，有如进入某种现成的东西之中。（我的意志是什么，我还不知道。）

我的意志进入了世界但仍处在世界之外，作为事实的世界实际上并不和意志发生联系，意志在此世界面前既是软弱无力的又是无动于衷的。维特根斯坦说：

> 我不可能按照自己的意志支配世界上发生的事情，我是毫无力量的。
>
> …………
>
> 世界是独立于我的意志的。
>
> 即使我们所希求的一切都会实现，这仍然可以说只是一种命运的恩惠，因为在意志和世界之间没有任何逻辑的联系能保证这一点，而我们自己又毕竟不会想要一种假设的物理的联系。

但是，从人又同时作为一种主体存在的主观角度讲，维特根斯坦提问道：我只有放弃对世界上发生的事情施加任何影响，才能使自己独立于世界，从而在某种意义上支配世界。

　　但意志改变了世界的界限意味着什么呢？

　　在经过深入的思考后，他断言：世界的意义与我的善的或恶的意志必然地相联系，那么世界就必然地是一个伦理的世界。或者说，主体是意志的主体，而意志又是善恶的负荷者，那么主体必然是善的或恶的主体，人生也就必然地是伦理的人生，最终世界也就必然地是伦理的世界。先不讨论善的或恶的意志各是什么，先看意志与世界的关系。

　　如果善或恶的意志对世界有一种影响，那么它只能影响世界的界限，而不能影响事实，即不能为语言所摹绘而只能在语言中被显示的东西。简言之，世界必因此而变成一个完全不同的世界。世界作为一个整体可以说必然有增减。仿佛是由于补加或减去一种意义。

　　实际上只有一个世界灵魂，我首先把它称为我的灵魂，而且我把我所谓他人的灵魂只是理解为这个世界灵魂。

　　人通过现实生活而将自身客体的与主体的两种存在结合为一，成就一种"伦理的人生"，一种或善或恶的人生。

对善的分析

剑桥大学的摩尔教授是著名的现代伦理学家。维特根斯坦在思考伦理学问题时，受到了摩尔教授的影响，这种影响犹如他在思考逻辑学时受到弗雷格的影响一样重要。

在当时重要的哲学家当中，摩尔教授是维特根斯坦的老师。1912 年维特根斯坦在剑桥大学读书期间，同时听罗素和摩尔的课。摩尔教授十分欣赏维特根斯坦的哲学才能。据说英国国王曾接见摩尔，表彰他对哲学的贡献，称赞他是"头号哲学家"，摩尔回答说："不，维特根斯坦才是头号的。"

摩尔教授在他的名作《伦理学原理》一书中，着力分析了伦理学的基本范畴"善"。摩尔认为，只有解决了"'善'意指什么"，然后才能解决善事物是什么，什么是应该做的。"善自身"存在于宇宙中，是不依赖于具体事物、社会生活和人的意识而独立存在的本质。善的这种性质，只能靠直觉来认识，因为善和善事物都是"自明的"，它不需要从别的判断中推导出来。善是简单概念，不能分析，因此不能被定义。"善的"或"善性质"是不可分析、不可定义的孤立性质或单纯概念，"善的"或"善性质"不能通过经验和理性来认识，只能通过直觉来把握，从而摩尔把"善"摆在了他的伦理学体系的逻辑起点的位置上，这使他的伦理学体系具有了严密的逻辑性。最后，摩尔认为，"伦理学的直接目的是知识，而不是实践"。伦理学不应该研究人的行为，而应该研究道德概念。

对伦理学的分析，一般要依靠对伦理行为性质的定性，也就是要对善与恶进行区分。善（恶）作为伦理学的基本范畴，其他道德概念如义务、正当都是从善引申出来的。当时流行的伦理学分析，深受摩尔在《伦理学原理》一书中对"善是什么"和"什么是善的"这一区分的影响。

维特根斯坦在沉思伦理学的研究对象时，也顺着摩尔教授的思考深入伦理学的中心问题。他在《关于伦理学的讲演》中，比较明确和集中地阐述了伦理学的研究对象问题。维特根斯坦是对摩尔意义上的伦理学作宽泛理解来论述这一问题的。他说："你们知道，我的主题是伦理学，我将采纳摩尔教授在他的著作《伦理学原理》中对这个词的解释。他说：'伦理学是对善的事物的一般性探索。'我现在要在略微广泛的意义上使用伦理学这个词。"

为了弄清伦理学这个重要的人生问题，维特根斯坦对伦理学的关键性词语进行了概念分析。它的基本任务是对"善""正当""义务"等道德概念进行逻辑分析，以确立这些概念的性质和意义。但是，与摩尔不同，维特根斯坦认为伦理学的直接目的不单是知识，而更是实践。他认为，伦理学不是对善的东西的探索，而是对"有价值的东西"或者说是"对正确的生活方式的探索"。

他在《关于伦理学的讲演》中说："现在我就不再说'伦理学是对善的东西的探索'，而是说，伦理学是对有价值的东西的探索，或是对真正重要的东西的探索，或者我会说，伦理学是对人生意义的探索，或者是对使生活过得有价值的东西的探索，或者是对正确的生活方式的探索。我相信，如果你们看到了这些话，你们就会对伦理学所讨论的问题有了一个大致的看法。"

当维特根斯坦引述摩尔的伦理学定义时，他显然是把伦理学这一语词定义为"对人生意义的探索，或者是对使生活过得有价值的东西的探索，或者是对正确的生活方式的探索"。

那么，在他的心目中，"善"或"使生活过得有价值的东西"是什么呢？

在写于1936年的《感觉材料的语言与私人经验》一文中，维特根斯坦说：

　　哲学家可能会说，关于我们所谓"善"的事物有某种令人迷惑不解的东西。这就对了。但错误在于然后又问："善的本质是什么？"仅仅说它是不可定义的，这并没有解决这个困惑。为什么是"不可定义的"，而不是"没有定义的"？……如果我们对"善"的用法感到困惑，这并不是因为我们没有它的定义。完全可以说"现在不要定义它"。但说它是不可定义的，这没有解决任何问题。

第一个错误就是问"什么是善"，第二个错误是给出一个定义或说它是不可定义的。

你应当做的是，分别给出引起困惑的不同情况。对一个不自私的人，我们叫作善。他是善的，是因为他不自私吗？等等。

这就是说，"善"不表明什么是抽象的本质性的东西，而只是人的现实存在的一种属性。对此，维特根斯坦在 1932 年至 1935 年《剑桥讲演集》中表明了这一观点，他说：

伦理学中关于善的处理方式之一是认为，一切被看作善的东西有共同之处，正如人们倾向于认为，我们称作游戏的一切东西有共同之处……假定你说"善是人类行为和事件的属性"，这显然是可以理解的句子。

…………

人们怎么能够知道某个行为或事件具有善的属性？人们能够知道行为的细枝末节而却不知道它是否为善吗？就是说，为善是独立于经验的东西吗？或为善是来自事物的属性吗？……伦理学中适于行为之善的问题和美学中关于容貌之美的问题，就是这种行为以及容貌的线条与色彩的特征是否像是粒子的这种问题：善的或美丽的象征。

由上可知，在他看来，"善"这个词只是人类行为的一种属性，而这种属性是不可被定义的，它只能存在于那里，而却不可加以抽象地界说。他说：

好的事物同样是神圣的事物。这虽然听起来令人奇怪，但却是我的道德观的总结。超自然事物才能表示超自然现象。

不可能引导人们到达善，只可能引导他们到达此地或彼地。善在事实的范围之外。

善的本质与事实没有任何关系，因而不能被任何命题加以说明。

进行道德说教是困难的，建构道德是不可能的。

对人们通常意义上进行的善与恶的区分，维特根斯坦从对善的意志或恶的意志上来加以区别。他在《1914—1916

年笔记》里 1916 年 7 月 29 日的笔记中说：

　　因为愿望与其实现并无任何逻辑的联系乃是一个逻辑的事实。而且幸福的人的世界是一个与不幸的人的世界不同的世界，这是明显的。

　　看是一种活动吗？

　　我们能够意欲善，意欲恶或无所意欲？

　　"爱你的邻人"，这就是说有所意欲！

　　我们能否有愿望而并不成为不幸的人，如果愿望没有实现的话？（而且这种可能性是永远存在的。）

　　按照通常的看法，不为自己的邻居祝愿，既不祝他好也不愿他坏，这是不是善呢？

　　然而在某种意义上，没有愿望乃是唯一的善。

　　在这里我还是犯了一个大错误！毫无疑问！

　　维特根斯坦是在叔本华的意义上使用表象这一术语的。在 1916 年 8 月 2 日的笔记当中这样说："按照叔本华的观点，我们可以说：表象的世界是既非善亦非恶的，但是意志的主体则是有善恶。"

　　从维特根斯坦论善的叙述中可以看出，他反对在抽象的意义上来谈论它，而要从实际生活的角度来看待它。他把善看作一种让人进入"幸福的人的世界"的引导者，而把恶则看作一种让人进入"不幸的人的世界"的引导者，这就突出了伦理学的实践特征。这一种用实践方式来界说伦理学的学术立场，从他在解决自己的生存问题时也可以得到佐证。

正确的生活方式

善的生活，也就是伦理的生活，是由一些具有善的性质的生活规范组成的。正是这些规范构成了人们伦理生活的正确的生活方式。例如，在处理人际关系时人们奉行了种种规则，它们是友好、友善和爱等。

在处理人际关系的问题上，维特根斯坦分析了友好与友善这一人际关系的基本伦理规范。他认为，友好与友善是通过形式或表象呈现出来的，它具有一定的形式的特征。在论及友善的方式时，维特根斯坦的《纸条集》第506条说：

> 友善的嘴，友善的眼睛。如何能够想象友善的手？——大概应是张开的，而非拳头。——能够想象头发的颜色是友善或相反的表示吗？——但是如果这样地提问，问题似乎在于我们能否做到。这个问题应当是：是否我们愿意把某种发色称为友善的？如果我们愿意赋予这些词此类意义，也许能想象一个愤怒的人的发色应是深色。深色头发表示愤怒的意义，这种牵强附会似乎来自一个早已准备好

了的观念。

可以说：友善的眼、友善的嘴，狗摇尾巴都是基本的、相互独立的友善的标志。我认为它们是被称作友善的那种现象的若干部分。如果愿意把其他表现想象为友善的表示，我们就可把那些征兆看做那样的表示。我们说"他黑着一张脸"，也许因为眉毛投在眼睛上的阴影更深；而我们把这种黑暗的意象扩展到发色上。

在完成于 1931 年至 1934 年之间的《哲学语法》中，维特根斯坦又对此问题详加阐述，他说，友善的眼、友善的嘴，摇尾巴的狗，它们是被称为友好的那种现象的组成部分。在这里，他说明了内在的善意会通过表面的神色加以表达，而人们只要通过对表象的分析，就可觉察到其内在的善意。在这部书中，他还用这一方法分析了勇敢与勇敢面孔的关系。

在自己的生活中，维特根斯坦对友谊的要求是很高的，也是极其真诚的。他最欣赏的是这句话："给就是！"他曾经将自己继承来的财产赠送给一些需要帮助的人，如诗人里尔克等在生活拮据时就得到过维特根斯坦的慷慨资助。在剑桥大学时他也帮助过当时经济上有困难的学生，在任小学教师时他也帮助过一个家庭相当困难的小学生，还自己出资购买教学用具等。

他讨厌一切形式的矫揉造作，有一次罗素在学术会议上对"几个傻瓜"保持礼貌，结果维特根斯坦义愤填膺，认为罗素没有当面告诉那几个傻瓜他们是多么愚蠢，是一种缺德的世故。

论 幸 福

在古希腊哲学中有一种观点：只有那种有价值的生活，才是值得过的生活。维特根斯坦在阐明自己的伦理学观时因承了这一观念。他在1929年发表的《关于伦理学的讲演》中说："伦理学是对有价值的东西的探索，或是对真正重要的东西的探索，或者我会说，伦理学是对人生意义的探索，或者是对使生活过得有价值的东西的探索，或者是对正确的生活方式的探索。"

维特根斯坦总是从学术基本概念的发源地——现实生活来观察与思考问题。那么，什么才是使生活过得有价值的东西？这种有价值的东西对人的生活将产生什么样的作用呢？维特根斯坦指出，伦理是有其特定含义和深层意蕴的，这就是人生意义问题在于如何获得幸福的生活，最终让人过一种幸福的生活。过幸福的生活，这是维特根斯坦伦理学的核心所在。

幸福地生活吧！

在早期研究中，维特根斯坦选择伦理学，试图通过它来认识自己的生活，这在某种意义上缓解了对不幸的生活的逃避和去争取幸福和宁静。当时，他在《1914—1916 年笔记》中写道："人怎么能完全幸福呢，既然他不能排斥这世界的神秘？通过认识的生活……认识的生活是不管世界的神秘而幸福的生活。"然而，认识并非去认识至善、认识生命的意义，这些恰恰是神秘而不可认识的。

维特根斯坦所谓的幸福生活是什么呢？对此，他作出了明确的说明，在《1914—1916 年笔记》里 1916 年 7 月 8 日的笔记中写道：

> 为了生活幸福，我必须同世界相一致。这就是"幸福"的含义。
>
> 或者是否只有无所意欲的人才是幸福的呢？
>
> 一般认为，愿他人不幸是恶。这能是正确的吗？这能比愿他人幸福更坏吗？这里问题似乎取决于我们如何去愿望。除了说"幸福地生活吧！"人们似乎没有更多的话可说了。幸福的人的世界是与不幸的人的世界不同的世界。幸福的人的世界是一个幸福的世界。那么是否可能有一个既非幸福的又

非不幸福的世界呢？

这些确实都是伦理学所要思考的重大问题。那么，进一步追问：幸福生活有客观标志吗？维特根斯坦的答案是否定的。他说：

> 幸福的和谐的生活的客观标志是什么？同样明显的是，根本没有这样的可被描述的标志。

> 这种标志不可能是物理的标志，而只能有一个形而上学的标志，超验的标志。

幸福生活本身已经表明了一种绝对的价值观念，因此无须再加追问，我们所应做的就是幸福地生活。幸福的人的世界就是一个幸福的世界，与不幸的人的世界有着本质上的区别。凡有主体意志的参与，世界必定是幸福的或不幸的，而绝无一个既非幸福的又非不幸福的世界。

只有并不生活在时间中而是生活在当下的人才是幸福的。

只有能舍弃世间一切舒适安逸的生活才是幸福的生活。

对这种生活来说，世间的舒适安逸不过是许许多多命运的恩赐。

在他看来，"凡是在当下生活的人都没有恐惧也没有希望地生活着"。

幸福的人生就是活着

既然"幸福地生活吧!"是人生的善和幸福的"定义",那么,它还能再进一步地加以细究吗?也就是说,这种幸福的生活它具有哪些现实的内容呢?按照维特根斯坦的说法就是,"幸福地生活吧!"这一幸福的人生,极致就是活着而已,可以说除活着这一目标之外别无所求。他说:

> 我总是要回到这一点,即幸福的生活是善的,不幸的生活是恶的。如果现在我问自己:但是为什么我应该幸福地生活,那么在我看来这本身就是一个同语反复的问题;幸福的生活本身似乎就证明自己是正确的,它似乎是唯一正当的生活。
>
> 在某种意义上,这确实是非常神秘的!显然,伦理学是无法表达的!

虽然幸福生活是超验的和不可言说的,没有所谓的客观的标志,但是我们可以通过描述幸福生活的各种状态来使幸福生活得以显现。那么,幸福生活具有哪些状态呢?

在维特根斯坦看来,幸福生活是一种永恒的生活,是一种处于无欲无求无畏状态当中的生活,仅仅是当下地活着。

人们的幸福生活是一个充满了理性自我的观察、理解和体悟的过程,这一过程的结果就是生成了维特根斯坦所说的知识生活。在《1914—1916 年笔记》中，维特根斯坦说：

假定人不可能行使自己的意志而必须忍受这个世界的一切苦难，那么有什么会使他幸福呢？

人既然不可能逃避这个世界的苦难，他究竟怎么可能是幸福的呢？

恰恰是通过知识的生活。

善的良心乃是知识生活所维护的幸福。

知识的生活乃是幸福的生活，尽管有世界的苦难。

在维特根斯坦看来，知识生活是对善有了认知和体悟后，生成了人的"善的意志"，这一意志保证了人不作恶，产生了对善的意志的行使的要求，善的意志本身使人这一主体与世界相一致，从而世界变得更加善。这就是作为真正伦理学家的维特根斯坦所希望的。

作为善的实践家的维特根斯坦，在经历了丰富的人生后，在即将告别这个世界之际，留下了这样的遗言："告诉他们，我度过了美好的一生。"这是维特根斯坦对自己的幸福观的践行。

第 5 章

美 与 艺 术

用幸福的眼睛看世界，这是不是艺术的考察方
式的本质呢？

美正是使人幸福的东西。

——维特根斯坦《1914—1916 年笔记》

艺 术 熏 陶

维特根斯坦的美学和艺术思想影响了西方解释学、解构
主义、新历史主义、后现代主义、文化批评、文本阅读理论
等思潮。为此，人们将维特根斯坦称为"分析美学之父"。

维特根斯坦的美学促成了西方 20 世纪美学的"语言学

转向"，为后来的美学家进一步思考美学提供了全新的知识背景和理论范畴。美国分析美学家莫里斯·韦兹认为，维特根斯坦给"当代美学的任何一种发展提供了出发点"。英国哲学家普罗福德指出："正是由于维特根斯坦的影响，那种试图发现艺术'本质'的做法已经被抛弃了。——现在，尽管维特根斯坦并不是有意（有些人误解了他）把家族相似的想法运用于一切词语，但人们很快意识到这个观念特别适合用于诸如'艺术'、'艺术品'和'审美'的概念。"肯尼克教授在颇有影响的论文《传统美学建立在一个错误之上吗？》中，率先把维特根斯坦的思想运用于美学。当 1966 年维特根斯坦的《美学讲演集》发表时，他的思想影响进一步深化了。在这部演讲集中，他反复强调一个要点，那就是，在思考美学时，我们不应该只关注诸如"美的"这样的词语，而应"注意极端复杂的情境，正是在这样的情境中审美表达才具有某种位置，而表达本身几乎无足轻重"。

对于美和艺术新视角的理解和阐述，使维特根斯坦成为一位对 20 世纪有重大影响的美学思想家。

早年的艺术熏陶

早年的维特根斯坦受到了艺术的熏陶，在他的家庭里经常有艺术家、音乐家和作家出入，这些人对幼年的维特根斯坦产生了很大的影响，并使他开始对人类的艺术活动进行思考。成年后，维特根斯坦也进行了一系列的艺术创造活动。

1911年，除了哲学以外，维特根斯坦在剑桥还做了一些心理学的实验工作。他在心理学实验室搞过一项关于音乐中节奏的研究。他希望实验会阐明他感兴趣的一些美学问题。

当乡村小学教师期间，维特根斯坦在他的朋友、雕刻家德罗比尔的工作室里做了一尊雕刻作品，这是一个女孩或一个小精灵的头像。这个头像具有古希腊雕刻中那种精致娴静的美，这是维特根斯坦心目中的理想美。他解释自己从事雕塑工作的意图时说："我以前曾给德罗比尔塑过头像，当时的推动力主要是德罗比尔的著作，我的工作其实还是阐释。我认为重要的是必须鼓起勇气去完成阐释工作，否则它变成一种只不过有些聪明的游戏。"

他还当过园艺师。对于园艺，他在《杂评》（1947年）中揭示说："园艺工人在他的花园中除了玫瑰花之外，当然还有肥料、废物和杂草。但是，使它们区别开来的东西不只是它们的价值，而主要是它们在花园中的作用。"也就是说，花本身在审美的环境中产生一种和谐的、艳丽的美。

他为自己的亲人设计并盖了一所兼具艺术美和独到设计风格的住宅。建筑学家们将这所住宅称为"维特根斯坦之家"。

与文学批评家利维斯的交往

在战场上、在剑桥大学的学习与教授生涯中，文学艺术也一直是维特根斯坦进行思考的重要理论课题。特别是与剑桥大学的一些文学艺术理论家的交往，使他对文学艺术的思考更具深度。

利维斯是 20 世纪影响最大但又有争议的文学批评家，第二次世界大战后不少英国著名作家曾是他的学生或追随者。富有领袖人物感召力的利维斯很早就在身边聚集了一批年轻学者，由他主编的《细察》杂志（1932—1953 年）正在稳步改变英国文学与文化批评的面貌。

这位剑桥本地的、比维特根斯坦小六岁的利维斯在 20 世纪 70 年代初曾撰文回忆道，他一度与哲学家维特根斯坦来往密切。据利维斯回忆，第一次世界大战结束后，利维斯进剑桥读历史和英国文学，1924 年完成博士论文，专门研究了英国报业兴起之初新闻写作与文学的关系。此后相当长的一段时期里，利维斯没有固定教职，一直到 1936 年才成为剑桥唐宁学院的院士、英文指导，第二年被剑桥大学英文系聘为讲师。

维特根斯坦与利维斯第一次见面是在剑桥大学哲学系元老 W. E. 约翰逊家中。约翰逊的儿子斯蒂芬是利维斯的同学，但利维斯却与约翰逊结为至交，并成为约翰逊家每周一次的午后茶会上的常客。1929 年初的一个星期天，约翰逊又在客厅里弹奏钢琴招待客人，他点名叫他的一个学生唱舒伯特的歌曲。年轻人站起身来，显得紧张、尴尬，他对房间另一头一位长得十分英俊但神情严肃的中年男子说："维特根斯坦会纠正我的德文。"利维斯对这位哲学天才已有耳闻，首次谋面，印象极深。维特根斯坦在剑桥求学时就以演唱或用口哨吹舒伯特的歌曲著称，再说德文是他的母语，请他指教自然合情合理。想不到他却回答说："我怎么会！我怎么可能会！"利维斯回忆说，维特根斯坦说这句话时的神色"既不能形容，也无法模仿"。年轻人唱完歌后维特根斯坦就告辞了，利维斯跟了出去对他说："你对那位年轻人的行为是可耻的。"

维特根斯坦一愣，答非所问地说："我看他只是个蠢人而已。"

"你可以这样想，但是你没有权利这样对待他。你没有权利这样对待任何人。"

利维斯话音刚落，维特根斯坦就把双手放在他肩上："我们应该认识一下。"照约翰逊的说法，两人出门后就打了起来。

利维斯厌恶伦敦文人圈子和布鲁姆斯伯里团体，对罗素尤其不以为然。他认为，从人格、责任感和感觉力来说，维特根斯坦要比罗素出色得多。罗素年轻时"生活经历贫乏"（D. H. 劳伦斯语），而维特根斯坦则是一个完全的人，他敏感，善于自责，没有罗素那种盲目的优越感。利维斯在与维特根斯坦的交往中很快发现，对方有一颗受折磨的灵魂，可贵的是他对此既不掩饰，也不故意张扬。相比之下，罗素在悲叹人类命运时仿佛是在自我欣赏。维特根斯坦确实会出口伤人，但未见得出于恶意。利维斯举维特根斯坦与约翰逊的关系为例。维特根斯坦对约翰逊评价不高，1912年初，他作为罗素的学生去见罗素的导师约翰逊，后来他坦率地告诉利维斯："我见到他不到一小时就知道他没有什么可以教我。"约翰逊也曾无奈地嘲讽道："维特根斯坦第一次见我时就开始教我了。"维特根斯坦回剑桥时约翰逊已经年过七十，他本来体质就弱，此时更呈老态。然而对他最为关心的还是维特根斯坦，他常去这位前辈家与他下棋，听他弹奏巴赫。没有这样一位极富音乐天赋而又十分耐心的听者，约翰逊恐怕不会再去摸他那架大钢琴了。

维特根斯坦和利维斯常常在一起讨论文学艺术问题。有一次，维特根斯坦见到利维斯劈头扔过一句话来："放弃文学批评吧！"利维斯想以"放弃哲学吧！"回敬，话到了嘴边没有说出口来。利维斯说，维特根斯坦的天才是国际象棋选手的天才，它对利维斯所关注的问题并无帮助。不过，他又说，维特根斯坦的艺术修养极高，但他对文学是否有浓厚的兴趣则不得而知。在英国文学里他最熟悉狄更斯的《圣诞欢歌》。有一次，他问利维斯是否认识燕卜荪。燕卜荪1930年发表《含混的七种类型》时年仅24岁，他在剑桥也有天才之称。利维斯回答说不认识，但他在为《剑桥评论》写《1929年剑桥诗歌》一书的书评时读了诗集中收录的燕卜荪的六首诗，写得都很不错。维特根斯坦追问那些诗究竟怎么样，利维斯只得说，要欣赏这些诗作需要一定的知识结构，不然解释也没用。接着维特根斯坦说了一句非常能反映他哲学的话："你如果喜爱它们，你就能描述它们。"

据利维斯回忆，维特根斯坦还有一些不成其为缺点的特点。一个夏日的傍晚，维特根斯坦又到利维斯家，约他外出散步。他们信步走到剑河边，维特根斯坦租了一只小船，但只要了一支划桨。一到船上，他就自告奋勇地说："我来划吧，我得锻炼锻炼。"利维斯自己也想活动一下，不过不便多言。不一会儿，他们到了剑河下游的格兰塔河，在维特根斯坦的提议下弃舟登岸。岸边没有路，两人高一脚、低一脚地走着，越走越远。若不是利维斯提醒，他们当晚回不到出发点。回程还是维特根斯坦在奋力划船，抵达租船处时已近半夜。维特根斯坦不容利维斯分说，坚持付钱。看船人一脸不快，利维斯估计维特根斯坦没付小费，便从裤袋里掏出一点零钱塞到看船人手里。回家路上维特根斯坦问给了多少小费，并说下不为例。利维斯已不大耐烦，反驳说："我们俩回来这么迟，他都等了几小时了。除了看船，他还有自己的生活。"在提及这段往事时，利维斯说要指责维特根斯坦小气吝啬是极不公正的，维特根斯坦压根儿没有小市民的罪恶和美德，他不仅特立独行，甚至一意孤行，难免有点不近人情。不过，他待人苛刻并不是出于恶意，有时在他身上有一种孩子般自我中心的专注。比如，他在利维斯家看到一架新的留声机时竟说："你没什么值得一放的东西吧！"然后，他发现了一张舒伯特《C大调交响曲》的唱片，发出"啊"的一声，就把唱片放到转盘上摆弄起来。音乐一响，他又抬起唱臂，调调转速，重新把唱针放到唱片上，如此反复数次。他在用灵巧的手指拨弄唱机时，似乎全然忘记了身边的利维斯夫妇。

利维斯还回忆了其他一些有关维特根斯坦工作时发生的趣事。维特根斯坦工作时往往殚智竭力，时间稍长就会感到极度疲乏。一天晚上，他又来到利维斯家串门，一坐下来就絮絮叨叨说个不停，几小时后仍无意告辞。利维斯猜测，他必定又是劳累过度了，不得不提醒他："你不是说明天得去诺丁汉的亚里士多德学会读一篇论文吗？"维特根斯坦回过神来，要利维斯陪他回到自己住处，但一出门居然提出要步行到剑桥以北十四英里的伊利小镇去。利维斯不理睬他，挽住他的手臂往剑桥市中心走去。不久，利维斯发现维特根斯坦实际上已靠在他身上，几乎不能独立行走。他们好不容易来到维特根斯坦住处门外，利维斯叮嘱他早早上床休息，想不到有气无力的维特根斯坦竟说："你不知道，我每做一件事的时候总担心我活不到完成的那一天。一天下来，我得把已做的工作抄誊一份交给弗兰克·拉姆赛保管。今天这事儿还没做呢。"

一个星期五的下午，维特根斯坦又到利维斯家闲聊，利维斯不小心提到他们上次见面时讨论的一条悖论，想不到维特根斯坦就此打开了话匣。这天利维斯夫妇照常例要以茶会招待主要来自英文系的客人。客人渐渐到齐，他们本有要事商量，见维特根斯坦滔滔不绝地发挥他的观点，不好意思打断他的思路。而维特根斯坦迫切需要一批听众，并不在意别人是否真对他的话题感兴趣。谈到兴头上，为了吸引更多的注意力，他拿起身边一本《新法兰西评论》挥一挥说："这就是世界！"原来杂志封面上是一篇文章的题目——"所多玛和蛾摩拉"（《圣经》中两个罪恶之城的名字）。来客见维特根斯坦无意打住，听了一阵也就走了。一直到晚上近八点，维特根斯坦才记起他要在当晚的道德哲学俱乐部聚会上发言，并要利维斯一同前往。利维斯早已疲惫不堪，此刻只得勉强应承。到了聚会的地点，维特根斯坦道歉一番之后说，他整个下午都在"与利维斯博士辩论"。

美寓于生活

"美是什么"一类的问题，千百年来历代美学家众说纷纭。传统美学总是一开始就问：美是什么？从而得出一个美的本质的定义，再由这个定义演绎出整个美学体系。维特根斯坦认为，症结在于该问题是建立在一个完全虚幻的基础之上的。

什么是美

在《逻辑哲学论》中，维特根斯坦对美学传统予以颠覆性批判："关于哲学问题的大多数命题和问题不是虚伪的，而是无意思的。因此我们根本不能回答这一类的问题，我们只能确定它们的荒谬无稽。哲学家们的大多数问题和命题是由于我们不理解我们语言的逻辑而来的。（它们是属于善，多少和美同一这一类的问题的。）"

维特根斯坦分析道，正是由于人们误以为词具有某种意义，而意义又是它所描述的东西的代表，于是，说到"美的"这样的赞叹时，人们就会很自然地认为对象中具有某种实体或性质。这种化虚为实的行为使人们将假问题转化为真问题，并由此追寻起美的本质来。这就是美学为何不可言说的原因。

在《美学演讲录》中，维特根斯坦从"美"字的用法和它的具体所指来揭示美的本质的虚幻。他说："这个题目（美学）太大了，而且就我看来，它整个地被误解了。'美的'这个词比其他词更频繁地出现在某些句子里，如果你注意一下这些句子的语言学形式的话，你就会发现，像'美的'这样的词更容易被误解。"为什么人们会把"美的"这样一个形容词等同于对象的美的实体或属性呢？关键在于人们"不理解语言的逻辑"。其实，审美形容词"美的""好的"有时是表示某种赞赏的感叹词，审美判断完全可以不用这些词。在这些实际审美判断中，不用"好的""美的"这样一些审美判断用语，在许多场合中这些词的意义更接近于"正确""对"，而不是"美"和"好"。因此，审美的困惑不在于美本身，而在于理论家追求普遍性，使用"美的"这类用词所导致。

在剑桥任教期间，维特根斯坦发表了多次关于美与艺术的讲演。在一次讲演中，他论证了美是否是事物的属性的问题。他说道：在构成美的事物的运动中，美是它的属性吗？

他提请人们想一下容貌的美丽。如果所有的形状和颜色是确定的，那么这种美丽也是确定的吗？或者它们只是需要确定的美丽的象征？你可能会说，美丽是一种无法定义的属性，说某个具体的容貌是美丽的，就是说它有无法定义的属性。我们需要仔细检查去找出某个容貌是否有这种无法定义的属性吗？或者只是找出这个容貌像是什么？如果是前者，那么无法定义的属性就可以被赋予具体的颜色组合。但这并不需要，我们必须有某个独立的证实。如果不需要独立的研究，我们用美丽的容貌只是指某种颜色和形状的组合。

他进一步分析道：人们通常对"美丽的"所说的东西，也将以略微不同的方式适用于"善的"。关于后者所提出的问题类似于关于美所提出的问题：美是否内在于色彩和形状的排列，就是说，人们根据对这种排列的描述，会知道它是美的或不美的；或者这种排列是否是美的象征，而事物之美丽由此终结。他提请分析者注意：在美学争论中，"美丽的"这个词甚至简直不使用。一类不同的词突然出现："正确的""不正确的""对的""错的"。我们从不说"这是足够美丽的"。我们只是用它说"看，多美丽呀！"就是说，唤起对某个东西的注意。

为了正确地理解"美"，他明确指出一个新颖的认识角度：认识对象的自身显示。他把美学看作实践呈现之物，而不是可定义或可界定之物。他说："伦理学和美学是一个东西。"美学之所以和伦理学是同一的，是因为两者都是不能表述的，属于"神秘的东西"的范畴。人们能够谈论的问题即符合他给可说的东西所作的规定的，唯有自然科学的问题。维特根斯坦认为，美学问题"不能说出来，而只能表明出来"。这里所说的表明，是靠人生自身去显示，而不是靠文字、命题去表明。

1933 年至 1934 年间，维特根斯坦在牛津大学向他的七个学生口授哲学时，也涉及了美学问题。根据这部被称为《蓝皮书》的讲稿，他对人们力求将现实美中所包含的美纯粹化加以分析。在他看来，对现实中的美，存在着一种相同性，这就是人们共同的"游戏"之中存在成员家族的相似之处。他说：对于普遍性的这种追求，是某些与特殊的哲学混乱有联系的倾向造成的。其中有：渴望找到某种为一切被我们通常概括在一个普通名词之下的事物所共有的东西。他认为，人们总是以为，必定有某种为一切游戏所共有的东西，这些游戏形成一个"家族"，它的成员具有家族的相似之处。如某些成员具有相同的鼻子，有些成员具有相同的眉毛，另一些成员具有相同的步态。由此，就会出现一个普遍概念。他举例说，可以把这个观念与下述看法相比较：特性是那些具有这种特性的事物的组成部分，美是一切美的事物的组成部分，酒精是啤酒和白酒的组成部分，因此我们能够获得一种不与一切美的事物掺杂在一起的、纯粹的美。

生活形式的审美化

在维特根斯坦看来，有价值的生活本质上既是与世界和谐一致的生活，也是一种审美化的生活。维特根斯坦式的幸福生活是一种审美化的艺术生活，他说：

艺术上的奇迹是世界的存在，是存在者存在。用幸福的眼睛看世界，这是不是艺术的考察方式的本质呢？生活是严肃的，艺术是快活的。

因为美是艺术的目的这个看法确乎有点道理。而美正是使人幸福的东西。

维特根斯坦宣称："伦理和美学是一个东西。"人用幸福的眼睛来看整个世界，即善的意志的行使，那么带来的伦理生活是严肃的。而"艺术品是在永恒的观点下看到的对象"，此时对象作为存在会引起人们美的愉悦，产生轻松喜悦之感，所以说，"美正是使人幸福的东西"。

"生活形式"与"语言游戏"共同支撑起维特根斯坦的后期语言观。他说的"生活形式"，主要是指人的活动，包括日常生活活动、语言活动、心理活动等。他认为，作为语言游戏的美感描述之所以具有多义性，就是因为它是一种活动，是与人的完整的生活形式紧密联系在一起的。因此，我们要通过语言来描述审美经验，就必须同时描述与语言游戏相关联的生活形式。

维特根斯坦认为，人的生活形式处于一定的环境和一定的文化背景之中，而任何文化都是一定民族和一定时代的文化，因而要描述人的审美活动就必须描述审美活动所处的环境和文化背景，就必须注意和描述审美活动的民族性和时代性。人的审美活动和美感描述是人的生活形式的一部分，因此它必然渗透着环境和文化的影响，它必然按照整体的文化精神来工作。可以说，人只要描述了审美经验，他也就描述了与之相关的环境和文化。

把"生活形式"和文化观念引进"美"，如实地把审美视为生活的过程、生活的一种形式，强调审美体验的实验性，大大地丰富了美，增强了审美的历史感和现实感。把文化视为美的载体和审美中介，强调审美的文化意蕴，既有利于人们对共同美的理解，也有助于纠正人们对美的某种偏见。维特根斯坦的语言观，不仅超越了传统哲学对语言的理解，而且不同于通常在语言问题上的哲学式反思。他的视野已经拓展到整个人类社会生活以及由此体现出的人类文化。

"想象一种语言就意味着想象一种生活形式。"处于不同生活形式中的人们，具有不同的语言框架，或者说，遵守不同的"游戏规则"。"为要通过语言进行沟通,那就不仅要有定义的一致而且还要有(尽管这听起来很奇怪)判断上的一致。"这种"判断上的一致"指的就是由共同的文化传统和风俗习惯等构成的生活形式,而生活形式对人来说是被给予的,"必须接受的东西、给予我们的东西、乃是——人们可以说——生活形式"。也可以说,是先于人的经验的。

用美的眼睛看世界

过一种美的生活,或者说,追求一种客观存在的生活之美,是一种生活的理想。但是,并不是被称为美的东西就可以引起所有人的美感,那么,对此怎么解释呢?按照一般的美学理论来说,这与人们的审美活动有关。在这里,维特根斯坦分析了人的审美力问题。

他认为,审美力作出调节,它使某一事物成为可接受的,分娩不是它的事情。也就是说,审美能力不可能创造一种新的组织结构,它只能对已经形成的组织结构进行调节。审美力能拧松或者拧紧螺丝,但它不能制造一种新的机械装置。因此,在他看来,琢磨润色有时是审美力的一种功能,有时却不是,甚至最精致的审美力也与创造无关。由于这一原因,他认为一位伟大的创造者并不需要任何审美力,他的产儿以一种完全成形的形态进入世界之中。审美力与创造力是完全不同的两种能力。

另外，在他看来，审美力是与人的感受性相关的能力。他说，审美力是感受性的提炼。不过，感受性并不能产生任何事物，它纯然是一种接受。在这个意义上说，审美力可能令人神往，但不能被人把握。

审美是为了感受，而这种感受则是一种体验，一种对美的体验。他在《关于美学、心理学和宗教信仰的讲演与谈话》(1938—1946 年) 中指出，与美学相关的最重要的东西是所谓的美学反应，即不满意、厌恶、不舒服。不满意的表达并不同于不舒服的表达。不满意的表达说："再高点儿……太低了！……像这样做。"

你可能会把美学看作告诉我们什么是美的科学——就语词来说这简直太可笑了。我认为它还应当包括什么样的咖啡味更好些。

我大致这样看——当你品尝到可口的食物闻到可口的味道等等时，就有一种愉快的表情，于是就有一个很不相同的艺术领域，虽然当你听到一支曲子时就像你品尝到美味佳肴时一样，你会作出相同的表情。

为了澄清审美语词，你必须得描述生活方式。

我们认为，我们必须谈论审美判断，比如像"这是美的"，但我们发现，如果我们必须谈论审美判断，我们就不会看到这些语词了，而只有像是手势这样的伴随着复杂活动的东西。

既然审美力是感受性的提炼，那么它就是可训练的。他认为，某些人的审美力与受过教育的人的审美力的关系，类似于半瞎的眼睛所获得的视觉印象与平常的眼睛所获得的视觉印象的关系。在正常的眼睛能清楚地看见某种东西的场合，视力低下的眼睛只能看见一些模糊不清的色斑。

他还对人的审美趣味进行了说明，在《褐皮书》中认为，有一种看法是非常普遍的思想疾病：假定某人说，"时装之所以变化，是由于人们的审美趣味发生变化"。当一个裁缝今年设计出一种与去年不同的燕尾服裁剪式样时，为什么我们称之为他的审美趣味的变化的那种东西，不应当部分地或者全部恰恰在于他改变了裁剪式样呢？对此，他解释道：画出一种新的裁剪式样并不是他的审美趣味发生变化，正如说出某件事情并不是意指这件事情。必定有某种感觉、心理过程与作画、说话相伴发生。一个人显然可以画出一种新的裁剪式样，而没有改变他的审美趣味：正如他可以说出某件事情而没有意指这件事情。这肯定是真的。不过，不能由此推出，在某些情况下，审美趣味的改变的区别性特征并非简单地在于他现在画出的某个东西不同于一年前画出的东西。

在后期的《哲学研究》中，维特根斯坦认为，语言即游戏，如下棋、打扑克、打球，它们之间没有共同性，只是具有一整套的相似关系，都需要对手，需要一套游戏规则，有输赢等等。因此，美学上所使用的一系列术语，如美、艺术等也是如此，没有固定的本质，企图寻求统一的美的本质只能导致一种误解。在此，维特根斯坦强调，审美个体在现实生活中通过审美教育，形成不同的具有个体差异的审美能力，由此去认识、体验寓于生活中的美。

艺　术

在当代艺术中，许多艺术家对维特根斯坦十分着迷。在他们的心目中，维特根斯坦是诗人、作曲家、小说家和电影导演中的哲学家。德里克·加曼拍摄的最后一部电影是关于维特根斯坦的，小说家布鲁斯·达菲以维特根斯坦的传奇生活为素材撰写了一本小说《我眼中的世界》，作曲家纽美因在他的《逻辑哲学组曲》中把维特根斯坦的《逻辑哲学论》配上音乐，其中的片言只语还被荷兰的流行歌曲组合用沙哑的带有德语口音的声音在激情四射的舞台上演出。

在前期维特根斯坦看来，美就是使人幸福的东西。幸福的境界就是实现存在目的,"除了活着不再需要其他目的的人就是在实现存在目的"。维特根斯坦是这样定义"美"的,他说:"文学作品 X 增加我对世界存在的如实的认识,它在同样程度上也增加我对世界的接受,所以在同样程度上,它增加我生活中幸福的总和。到那个程度,我可以说 X 是美的。"可以说,一件文学作品,如果要说它对于某个人而言是美的,那么它就符合这个人对世界的认识,作品的语言所展示的图像和人所认知的世界是一致的。

艺术与美具有一种关系。对于这一关系,维特根斯坦揭示道,艺术是一种表达方式,好的艺术品是完美的表达。在他看来,美是艺术的目的,而美正是使人幸福的东西。

人们常常谈论真善美,认定它们之间存在着一定的联系。维特根斯坦也承认在艺术品的美与伦理的善之间存在一种关系,对于这一关系,他说,艺术品是在永恒的观点下看到的对象;善的生活是在永恒的观点下看到的世界。这就是艺术和伦理学的联系。

在后期,维特根斯坦引入了一个新概念,提出了新的解释。在他看来,"艺术"只是一个"家族相似"概念,不同的艺术作品之所以被称作艺术,不是因为有一个明显的特征为所有艺术作品共有,同时又能够将它们同其他非艺术的东西区别开来,而是因为它们之间一些交叉重叠关系。

按照维特根斯坦的这个看法，艺术被视为是不可定义的。美国分析美学家韦兹对维特根斯坦的这种思想做了发挥，认为对艺术的定义在逻辑上是根本不可能的，因为艺术作品之间根本没有定义所必须依据的任何共同性质。我们之所以能够将"艺术"一词运用到一个新的或不熟悉的对象上去，原因并不像传统美学理论所想象的那样，依据了一个共同的艺术本质，而是根据这个新的、不熟悉的作品与其他公认的艺术作品之间的交叉重叠关系，即家族相似关系，来判断它是（或不是）艺术作品。

因此说，艺术是一个在本质上开放和易变的概念，一个以它的原创、新奇和革新而自豪的领域。即使我们能够发现一套涵盖所有艺术作品的定义条件，也不能保证未来艺术将服从这种限制；事实上完全有理由认为，艺术将尽自己的最大努力去亵渎这种限制。因之，"艺术那特别扩张和冒险的特征"，使对它的定义是在"逻辑上不可能的"。

建 筑 美

1996 年 6 月日本青土社出版了单行本《维特根斯坦的建筑》，它成为有关维特根斯坦建筑研究的重要日文文献。到 2000 年，由保罗·维基德沃所著的《建筑师路德维希·维特根斯坦》分别以英文和意大利文出版，这是至今为止关于维特根斯坦建筑的最新最完整的文献。

建筑师

在 20 世纪 30 年代担任剑桥大学三一学院哲学教授期间，维特根斯坦坚持在维也纳的户口本上将自己的身份填为建筑师。事实上，他为自己的姐姐设计并建造了一幢房屋。据查，1933 年至 1938 年，各期维也纳地方志都把维特根斯坦标明为建筑学家。人们之所以将他称为建筑学家，是因为维也纳库托芒大街上矗立的维特根斯坦之家。

1926 年秋天，维特根斯坦离开了乡村小学教师的职位，在一个修道院里当园丁的助手。有一天，他接到一封信：请他为在维也纳的姐姐玛格丽特建造一幢住宅。这项任务耗费了他两年的时间和精力。

维特根斯坦之家是维特根斯坦设计的唯一一座住宅。这所房子里最小的细节都是他的作品，而且高度体现了它的创造者的特点。有人说它与同是维也纳的重要建筑家路斯的作品有类似之处，而且维特根斯坦的合作者也曾是路斯的弟子。为什么要找一个合作者呢？因为，维特根斯坦没有建筑师的执照，只好与阿道夫·路斯的一位弟子合作，以获得市政府的动工许可。实际上，建筑本身完全由维特根斯坦设计。维特根斯坦虽然没有受过职业建筑学的教育，但他早年对机械和技术问题的热爱，在建筑上得到了表现。

维特根斯坦之家坐落在维也纳市中心东侧，一条安静的住宅区，据说当年周围充满着绿色。建筑基本是由几块大型立方体组合成的，高三层，柱梁构造为钢筋混凝土，主体建筑为水平的屋顶。从外观上看，是灰白色的、没有任何装饰的、靠几何形组合的造型。

沿正门而入是一个宽敞的前厅，门和窗既无门帘也无窗帘，室内没有地毯，据说理由是除了追求明亮和简洁之外，还考虑到室内的音响效果，这是维特根斯坦所追求"敏感的感觉"的产物。门窗设计几乎完全相同，两扇四窗。

从地面拔起狭长的造型，如果根据人体边线画出一个长方形，那么将对角线延长放大就与门的比例相吻合。如此高而没有横框的窗和门，要保持精度是非常困难的事，市场上根本没有维特根斯坦要求的那种铁窗铁门销售，是花了很长时间加以特别制作，才达到现在这种近乎完美的状态。即使住宅所有的部分遭到破坏，仅留下这些门窗，都足以体现出创造者的精神，它具有希腊神殿石柱一样的美学价值。

照明被减少到最低限度，室内四壁无照明，灯只提供必要的光源，照明既均质又单纯。每个房间只在天顶几何形对角交叉的中心部位有一小灯泡，然而无灯绳，也就是直接从天顶伸出灯头。

每扇门的钥匙孔的高度，可以让你不弯腰窥视另一个房间。门框窗框门扉色彩偏黄褐色，显得安静不浮躁。由于门和窗的高度异常，所以大量的光可以进入室内，修长的全玻璃门比通常的门重得多，一条条垂直的窗框和门框显得十分森严。

设计者维特根斯坦显然偏爱透明的玻璃材料，电梯内外全部以玻璃为壁，使之与建筑的整体美学特征不分离。除此之外，二楼还有一堵用方块玻璃砖砌的玻璃墙。

前厅门扉和贴墙柱子的间距是门扉的二分之一，而柱宽又是门扉的四分之一，其几何形的严格实际上呈现着数的精确。前厅有柱和壁柱，壁柱正好是柱的二分之一厚度。柱和天顶接触之处有收进来的设计，以此减轻柱子在视觉上的重量。

如果不是解决电梯以外上楼的问题——楼梯，整个住宅便是彻底的横平竖直。维特根斯坦已经在理论上将窗口和门之间画了等号，当窗和门共用的时候，我们看到的全部是等距等比例的分割。

地面呈现着同样严格的几何学对称关系，拼贴地面的水泥板缝，对准与门和窗中心对称的中线。

后来，维特根斯坦建造的宅第一度成了保加利亚的使馆。

建筑理念

作为业主甲方的姐姐让维特根斯坦去自由设计，得以使他的艺术独创性通过这座建筑而放射光芒。他坚信：人们会记住一座壮观的建筑物所留下的印象，因为它表达了一种思想。人们想用某种姿态对它作出反应。结果是，当人们看到他建筑的这座住宅后，就有人将它看成一个完成了的"可视的哲学装置"，体现了维特根斯坦对建筑之美的理解。

维特根斯坦坚持认为，一个艺术家的意义仅仅在于他的个性。他从别人那里继承得来的只是蛋壳。我们会用宽容的态度对待这些蛋壳的存在，但它们不会给我们提供精神食粮。作为哲学家和语言学家的维特根斯坦，他在音乐主建筑中同样发现了它们与语言相类似的性质的现象，并将哥特建筑和巴赫、莫扎特、海顿、贝多芬等的乐曲进行了比较，认定哲学研究和美学研究之间存在着奇特的相似之处。

维特根斯坦的设计，体现了他对哲学和美的思想追求。他坚持了自己的这种追求，正像他在建筑好这幢房子后不久所说的：优秀的建筑师与拙劣的建筑师之间的区别在于，拙劣的建筑师禁不起任何诱惑，优秀的建筑师却能抵抗住它们。这座住宅的设计确实是独特的，表现了某种设计者的独特风格。有人说，这幢住宅的美和《逻辑哲学论》的文句所具有的那种朴素文静的美是相同的。走进住宅内部，会发现每一间都是独立的空间，外部像一些方盒子组成，内部也是方盒子。这种内外部的统一，是和路斯建筑内部那种复杂的空间组合不相符合的，表现了维特根斯坦的风格。

在维特根斯坦看来，服装的美是穿出来的，而好的建筑物则表达了一种思想。建筑本身可以反映主人的生活样式。维特根斯坦之家不用一切装潢，而以精确的测量和严格的比例为特色。维特根斯坦从一位哲学家的视角出发，获得了"彻底的几何学性"，那些严格的比例和精制无比的细部，成为当今崇尚极限建筑家们至高的范本，不是建造的形式和材料，而是维特根斯坦对"精密"近似于疯狂的追求，对建筑精髓的透彻理解。禁欲、静谧、秩序、经济、极限等这些极端的因素，都可以在这座建筑中找到。而且，这座建筑里面没有那些勾起人们欲望的装饰，这也反映了维特根斯坦对于简朴生活的追求。其实，维特根斯坦受到英国建筑家麦金托什的影响，维特根斯坦之家中修长垂直的铁制门窗框架，就是从麦金托什那里提炼而来的。

尽管许多建筑学家把这座建筑奉为顶级建筑，但维特根斯坦本人却对这座建筑的本质并不满意。他认为，一切伟大的艺术是充满着人间最原始的冲动，这种根源的生命来自野生。他自己承认，维特根斯坦之家只是极其灵敏的耳朵和良好的风度的产物，是对一种文化等高度理解的表现。

音乐与绘画

维特根斯坦对许多人类艺术形式都有深入的研究，对于建筑、音乐、绘画、雕塑等的潜心观察和思考，为他进行哲学的研究提供有力的分析例证。他认为，音乐和绘画等，作为艺术的形式，体现了人们对于世界的理解，其哲学意味是：它们是一种表达，从而伴随这一表达而出现了相互的理解问题。

音乐

早在 1911 年，除了研究哲学以外，维特根斯坦在剑桥还做了一些心理学的实验工作。他在心理学实验室搞过一项关于音乐中节奏的研究。他希望实验会阐明他感兴趣的美学问题。其结果是，在他心目中，艺术，特别是音乐艺术，被他视为"最深奥微妙的艺术乐句潜入我的生活之中"，而"欣赏音乐是人类生活的一种表现形式"。

在他看来，一切伟大的音乐作品都来自自然生命力的发挥。在这些艺术里都有一头野兽：一头驯服了的野兽。一切

132

伟大的艺术都把人的原始冲动作为它们的基础低音。它们不是旋律（也许像它们在瓦格纳那里那样），而是一种使旋律获得它们的尝试和力量的东西。在这个意义上说，音乐的目的是交流感情。反复地演奏一段旋律，这就同人看到现在和以前的同样的面部表情一样。在音乐的创作和欣赏中，存在着人与人之间的交流：表达与理解。

音乐表达了作曲者的情感和对于世界的认识，但这一表达是通过旋律、乐章来完成的。对这一乐章的欣赏，也就是对音乐的理解。维特根斯坦在《心理学哲学评论》第二部分中谈道：你的确谈到对音乐的理解。当你听音乐的时候，你的确是理解它的！是否我们对此应当说，这是一种与听相伴随的体验？

随后，他又谈到了更深的理解状态，被称为着迷的状态。他提出了着迷和理解的标志。说快乐、享受、着迷不是感觉，这是否是一种咬文嚼字呢？——我们再一次问自己：有多少类似之处存在于着迷、赞叹和我们比方说称之为"感官的感觉"的那种东西之间？

我怎么知道一个人在着迷呢？人们如何学会用语言表达着迷呢？它与什么相联系呢？与身体感觉的表达相联系？我们问某个人，为了发现他是否感到乐趣，他在胸部、面部肌肉中觉察出什么呢？

可是，这是否意味着无论如何不会有一些在欣赏音乐时往往重现的感觉？肯定没有。（在许多场合，他可能接近于流泪，他觉察出眼泪在他的喉咙里。）

绘画

绘画作为一种艺术形式，也具有同样的功能。维特根斯坦对于绘画的研究，不单是从艺术与美的角度，更重要的是从对世界的阐述这一哲学需求出发来进行的。他说过，绘画或雕塑等艺术活动，都是对世界的一种阐述手段或方式。或者说，是想要表达一种对于世界的图像。他说："我非常明白这个图像，我或许可以用陶土把它塑造出来。——我很清楚这一描述，我或许可以按照它画出一幅画。在许多情况下，人们一定可以通过画图的方式把句子的意义表达出来，把它确定为理解的标准。例如，怎样测试一个读卡片的人。"

在他看来，这幅富有意义的画是人不仅能画出而且可以造型出来的东西。这就如同对一个句子的思考一样，它们都是人类表达对世界的观察结果的一种复述。它们是人在向另一些人表达自己的意义时——这幅画，这个句子被自己思考，同时也被别人理解。

在画论中，对于构图中的元素颜色的研究，不光为美术家所关注，也为思想家所关注，其中蕴含着较深层的思考，如歌德的《颜色学》、康定斯基的《论艺术中的精神》和维特根斯坦的《论颜色》等，就是这类思考的成果。维特根斯坦十分重视对颜色的思考，并对歌德在《颜色学》中提出的颜色理论进行批判，维特根斯坦说："我相信歌德真正想要找到的东西不是一种关于颜色的生理理论，而是一种关于颜色的心理理论。"

在他早期哲学研究中，他对颜色问题和视觉空间等问题给予了特别的关注，这一关注是从哲学与逻辑学中的感官与认识的角度加以探讨的。在《逻辑哲学论》说明"内在性质"和"外在性质"究竟所指时，他认为，具有某种颜色的逻辑可能性是对象的本质，同时又强调，对于对象来说，具有诸颜色中的哪一种特定的颜色这一点不具有本质意义。维特根斯坦认识到，对于涉及视野中的斑点及其颜色的事态，无论我们如何彻底地分析它们，最后它们总是要涉及相关斑点中的诸点和色度，而它们仍然是易逝的，并且由它们所构成的事态仍将并非彼此独立。

1930 年至 1931 年间，他在向学生解释《逻辑哲学论》论题 2.01 "基本事态是诸对象的结合"时，维特根斯坦说道："对象等等在此是用来指一个颜色、视觉空间中的一个点等等的。"这样，世界的本质结构便成为以感觉材料为基础而构建起来的结构，即直接经验或现象的结构。相应的，作为语言的结构元素的名称所命名的便是感觉材料。对基本事态彼此独立要求的放弃，便意味着对基本命题彼此独立要求的放弃。因此，描述直接经验或现象的并非总是彼此独立的简单命题均可以看成基本命题。（参见 MS 106：59）

在《关于颜色的评论》一书中，维特根斯坦提出颜色与环境的关系，他说："一种颜色在一个环境中发光（如同一双眼睛在一张脸上微笑）。"他举了许多事例说明颜色对环境的依赖性，例如，一块绿色的玻璃把绿色赋予了它后面的物体，使得它后面白色的物体变成绿色的物体，红色的物体变成蓝色的物体，如此等等。"因此，一个东西上只有在一个特定的环境中才是灰色的或者白色的。"

从美学的角度，维特根斯坦发现，把"美"作为感叹词或指示某种颜色的组合，这两种用法都与审美经验或艺术批评的理解和说明无关，只是起形容词或代词的作用。而在绘画中的颜色，则是给人以美感的要素，它与人们的审美经验密切相关。

第 6 章

维也纳小组

哲学家是这样一种人，在他得以达到健全的人类理智概念之前，必须治好自己的许多理智疾病。如果说，在生活之中，我们毫无生气，那么，在神智正常时，我们就为疯狂所包围。

——维特根斯坦《数学基础评论》

维也纳小组

荷兰的维特根斯坦学专家 C. A. 范坡伊森是这样评价作为哲学家的维特根斯坦的："对于维特根斯坦来说，正如对其他哲学家们一样，哲学分析的澄清乃是一种实践的事务，这种实践的事务确实可能对整个时代都具有一种治疗效果。

因此，维特根斯坦在他的最后两本书中，把哲学比喻为医疗的实践。一个时代的病症只有通过人们生活方式的改变才能治愈，而哲学问题的痼疾也只有通过运思方式的改变才能看好。"

维特根斯坦离开生活了六年的乡村，先去维也纳郊外一家修道院做了园丁。在 1927 年，维特根斯坦回到了维也纳。

刚回到维也纳，他就通过维也纳小组的奠基者石里克，结识了一群属于维也纳圈子的哲学家。他们追随维特根斯坦的理论，奉《逻辑哲学论》为经典。这些哲学家认为，哲学的关键在于研究语言的功用，主张用科学的严谨来改革哲学的玄奥，让哲学科学化，成为一种类似于科学的哲学。在他们看来，要做到这一点首先就要改造语言，让哲学家眯着眼睛说的那些"梦话"，变成是可以交流的、具有确定含义的"物理语言"。这种物理语言的最终表现，就是一种逻辑的符号语言。这批雄心勃勃的维也纳哲学家，还试图以此为基础来统一科学，把所有的学科都科学化。其中，最明显的例子是卡尔纳普的《世界的逻辑结构》。他说自己写这本书的主要目的，就是要在直接经验中的概念上合理地重建其他"一切知识领域的概念"。

这些着重哲学语言分析的哲学家的讨论，开启了后来影响到整个现代世界哲学的逻辑实证运动。

重返哲学

早在 1924 年，奥地利维也纳大学的哲学教授石里克，就同一批志同道合的哲学家一起组成了讨论小组。每个礼拜四的晚上，石里克邀请大家聚在一起，讨论关于逻辑和认识论中的理论问题。起初，这个讨论小组里有卡尔纳普、纽拉特、克拉夫特、考夫曼、魏斯曼和费格尔等人，后来随着影响的扩大，又有数学家哥德尔、物理学家伯格曼和弗兰克等人加入进来，这就是哲学史上著名的维也纳小组。1929 年，这个小组发表了自己的理论纲领——《科学的世界观：维也纳小组》，标志着现代世界哲学史上有很大影响的维也纳学派的正式形成。

回到维也纳后的维特根斯坦没有参与维也纳小组的团体活动，他对卡尔纳普、纽拉特等人没有多少好感，也不赞许他们反形而上学的绝对实证观。维特根斯坦只和石里克、魏斯曼交往，尤其与魏斯曼有多次交谈，他觉得这两个人文化修养较高，人品纯正。

作为维也纳小组的成员，逻辑学家卡尔纳普参加了对《逻辑哲学论》的每周讨论，并对维特根斯坦的思想表示了敬佩。他在回忆录中提到与维特根斯坦第一次见面时的情形：

1927 年夏天，石里克提议维特根斯坦与维也

纳小组的成员见面。他只答应与魏斯曼和我见面。我记得，在见面之前，石里克向我们建议，由于维特根斯坦非常敏感，而且很容易被直截了当的问题所打断，所以，最好是让维特根斯坦自己说，然后只是在需要澄清的地方再非常谨慎地提出问题。

当我见到维特根斯坦时，我想石里克的警告是非常正确的。不过，他的行为并没有表现出任何傲慢。一般来说，他的性格还是招人喜欢的，非常善良；但他又的确非常敏感，很容易急躁。他所谈论的一切总是使人感到有趣，有所启发，而他解释这些思想的方式又是非常引人入胜的。他的观点和待人处世的方式，甚至是对待理论问题的方式，都非常像一个具有创造力的艺术家，而不像一个科学家。几乎可以说，他更像是一个宗教先知或预言家……但他给我们的印象仿佛是他得到了某种神圣的灵感，所以我们不禁感到，任何对他的审慎的理性分析和评论，都可能会是对他的亵渎。

在思想上，卡尔纳普承认，除罗素和弗雷格之外，维特根斯坦是对他思想产生重要影响的人物之一。他从维特根斯坦那里得到的最为重要的观念是，逻辑陈述的真，只是基于这些陈述的逻辑结构和语词的意义；逻辑陈述应当是在任何可以想象的情况中都为真，所以，它们的"真"独立于世界的偶然事实。

维特根斯坦与卡尔纳普个人之间的良好关系只保持到1928年。到了1929年初，维特根斯坦就明确地向石里克表示，他只愿意与石里克和魏斯曼见面，这就正式断绝了与卡尔纳普的个人关系。导致这种分手的重要原因，是维特根斯坦指责卡尔纳普在《世界的逻辑构造》这本书中剽窃了他的思想。虽然从1929年12月到1930年2月，维特根斯坦仍然经常从剑桥回到维也纳参加与维也纳学派的讨论，但这时的卡尔纳普已经失去了对维特根斯坦思想的信任，更多的是批评和反驳。卡尔纳普对维特根斯坦的评价是："在他的情感生活和理智思考之间存在着非常强烈的内在冲突。"

在与维也纳哲学家的交往中，维特根斯坦认识到自己的著述《逻辑哲学论》存在着某种严重的缺陷。特别是在1928年春天，维特根斯坦和魏斯曼及费格尔一起听了数学家布劳维尔在维也纳的题为"数学、科学和语言"的讲演，听了这次讲演后，维特根斯坦重新萌发了哲学探索的兴趣。布劳维尔的基本思路接近于康德，强调理性的建构作用，数学不是纯粹的发现，更不是简单的重言式，而具有发明的意味。布劳维尔把类似的思想应用于语言。维特根斯坦原来认为，一切表达都有着某种逻辑，但有些表达（比如一些手势等）虽然有着约定俗成的意思，但并没有任何逻辑基础。现在，他萌发了强烈探索新哲学的兴趣，他知道有些哲学问题必须重新加以审查。

和石里克等讨论哲学

在这一期间，维特根斯坦仍和石里克等哲学家讨论哲学问题。魏斯曼后来把 1929 年 12 月至 1932 年 7 月期间维特根斯坦这些谈话的内容收集到《维特根斯坦与维也纳小组》一书中。书中生动地记录了 1929 年至 1932 年之间维特根斯坦与维也纳小组石里克、卡尔纳普等人的谈话，内容涉及哲学、逻辑、数学诸领域。维特根斯坦当时虽然心存疑虑，但还是满足于看到他的思想通过魏斯曼的记录整理至少在维也纳得到传播。不久，他对这种方式渐渐地感到不满意，转而寻求与魏斯曼的完全合作。又过了不多时间，这种方式也没让维特根斯坦感到满意，他就又通过与石里克的几次谈话和"蓝皮书"的复本以及其他口述笔记，将他的绝大部分重新思考所得的哲学思想传达给维也纳小组的其他成员。

通过魏斯曼所辑的《维特根斯坦与维也纳小组》一书，人们得以知道当时进行哲学分析讨论的参与人和所讨论的问题：

1.1929 年 12 月 18 日，星期三（在石里克家）

（1）数学证明

（2）在数学中寻找某物意味着什么？

（3）作为句法的几何学 I

（4）一致性 I

2.1929 年 12 月 22 日，星期日（*在石里克家*）

（1）"所有" I

（2）唯我论

（3）语言与世界

3.1929 年 12 月 25 日，星期三（*在石里克家*）

（1）"所有" II

（2）时间

（3）视觉空间

（4）作为句法的几何学 II

（5）物理学和现象学

（6）颜色系统

（7）反胡塞尔

4.1929 年 12 月 30 日，星期一（*在石里克家*）

（1）关于海德格尔

（2）狄德金的定义

（3）实数 I

5.1930 年 1 月 2 日，星期四

（1）原初命题

（2）"数学知识的现状"

6.1930 年 1 月 5 日，星期日（*在石里克家*）

（1）肯定命题和否定命题

（2）记忆中的蓝色

（3）"世界的红色的" **Ⅱ**

（4）每个命题都是系统的一部分吗？**Ⅱ**

（5）推理

（6）关于伦理学的演讲

（7）概率 **Ⅰ**

（8）骰子

根据魏斯曼当时所整理的详细记录，人们在今天仍可了解到当时维特根斯坦和维也纳学派讨论时的详细对话内容。下面是 1930 年 1 月 5 日（星期日）在石里克家关于"肯定命题和否定命题"进行讨论的实况：

魏斯曼：与肯定命题相比，否定命题给予实在更多的余地。例如，如果我说，"这朵杜鹃花不是蓝色的"，那么，我仍然不知道它是什么颜色。

维特根斯坦：当然。在这一意义上，否定命题比肯定命题少说了一些东西。我曾经写道："如果我知道一个命题为真和为假的情形，那么，我也知道了这个命题的意义。"据此，我认为，如果我知道什么时候它是真的，那么，同样

144

地，我也知道什么时候它是假的。如果我说"这朵杜鹃花不是蓝色的"，那么，我也知道了它什么时候是蓝色的。为了认知它不是蓝色的，我必须把它与实在进行比较。

魏斯曼：你使用了"比较"这个词。但是，当我把一个命题与实在进行比较时，我知道这朵杜鹃花是红色的，并据此推出它不是蓝色的，不是绿色的，不是黄色的。我见到的只不过是事态而已。但是，我从来没有看见这朵杜鹃花不是蓝色的。

维特根斯坦：我并没有看见红色。相反，我看见那朵杜鹃花是红色的。在这一意义上，我也看见它不是蓝色的。结论并不来源于我所见到。

…………

1936 年，石里克被一个纳粹分子暗杀。之后，维也纳小组的大部分成员都陆续向国外逃亡，只有克拉夫特留在维也纳大学，继续从事语言分析哲学的教研工作。1938 年奥地利被希特勒吞并之后，他也被撤销教授职务以及图书馆的兼职，后来只好隐居到乡间。

剑桥大学教授

1929 年初，维特根斯坦决定重返剑桥。维特根斯坦说，他回到哲学上来，是因为觉得他还能够做创造性的工作。

重回剑桥后，维特根斯坦没有任何学位，而且身无分文，连火车票也买不起。为了顾全他的面子，罗素购买了他留在剑桥的一些家具，借此对他加以资助。后来成为著名经济学家的凯恩斯得知维特根斯坦的到来，在给妻子的信中兴奋地写道："上帝总算来啦！我今天在五点一刻的火车上见到了他。"

在剑桥大学，维特根斯坦起初登记为一名研究生，这对他是一个十分不相称的身份，因为许多人已经把他看成是他这一学科的当代最活跃的代表。可维特根斯坦的想法是，必须为取得哲学博士学位而工作。和校方商量的结果是，他可以把他战前在剑桥的居留算作取得学位的资历，他八年以前出版的书则可以当作一篇学位论文。于是，维特根斯坦以《逻辑哲学论》作为博士论文申请博士学位。校方接受了他的申请，主持评审博士答辩的，是他当年的老师罗素和摩尔两位教授。

1929 年 6 月，举行了博士论文答辩会。在答辩会上，罗素问他："你一会儿说关于哲学没有什么可说的，一会儿又说能够有绝对真理，这不是矛盾的吗？"维特根斯坦说："你误解我的意思了，罗素。你总是误解我。"罗素说："你混淆了问题，维特根斯坦。你总是把问题越搞越糊涂。"维特根斯坦对罗素与摩尔说："别担心，我知道你们永远也懂不了我在说什么。"

答辩就这样结束了。

罗素和摩尔一致同意通过答辩，维特根斯坦获得了博士学位。

哲学教授

次年，维特根斯坦被接受为剑桥大学三一学院的研究员，作为哲学讲师在三一学院教授哲学。从此时直到1947年退休，他大部分时间在剑桥思考、研究、教课。

从1930年初起，维特根斯坦在剑桥讲课。他的讲课是极其非学院化的。几乎总是在他自己的房间里或者在一位朋友所住的校舍里进行。他没有讲稿。他在听众面前进行思考，样子极为专注。讲解通常是引到一个认为听众会提出解答的问题上，这个解答反过来又成为引导新问题、新思想的起点。讨论是否富有成果，每次讲课从始至终，以及一次讲课到另一次讲课之间的联系线索是否清楚，很大程度上要取决于听众。他的许多听众在他们各自的领域中都是很有资历的人。20世纪30年代初期的几年，摩尔也出席听了维特根斯坦的讲课，几位英国的和一些美国的第一流的哲学家都在剑桥听过维特根斯坦的讲课。现在保存有一些很好的、基本上是逐字记录的他的讲授课程的笔记。

在三一学院教授哲学的课上，维特根斯坦采用苏格拉底式的教学方法，通过与学生们进行对答的方法来讲课，受到极大欢迎。他的学生对他们老师的讲课方式有深刻的印象：他的讲课没有准备也没有笔记，每一课都是新的创造性的哲学工作，都是当场的、即兴的、紧张的哲学思考。他强烈地激励自己，全身心都处在紧张之中，课堂上每个人都体会到，他把他的意志力与智力都绷紧到最大限度。

在讲课中，经常出现长时间的冷场，这时候他的目光专注，面部生气勃勃，表情严肃，两手做着引人注目的动作，他的听众知道，这是智慧横溢、全神贯注和充满力量的一种表现。据维特根斯坦说，在剑桥的讲台上，有一天，他脑袋里突然出现空白，面对学生，突然感到无话可说。

维特根斯坦总是被讲课弄得筋疲力尽，常常在讲课一结束后就赶紧跑到电影院去，坐到最前面的一排，使银幕占据他的整个视野，以得到暂时的排遣、休息和解脱。他写信给马尔康姆说："假如你不想受苦，你就不能正确思考。"他也说过："判别一个人是否伟大的标准，就是看他为他的工作付出了何种牺牲。"他自己就是一个以巨大的牺牲精神投身于哲学的典型。不过，维特根斯坦特别厌烦学究式的学术研究，甚至鼓励学生不要把学术研究当作人生目标。

在这一时期，维特根斯坦和一个名叫弗朗西斯·斯吉纳的学生过从甚密。英俊的斯吉纳是当时数学系最出色的学生，个性温和害羞。维特根斯坦与他合作写论文。在第二次世界大战爆发前，维特根斯坦带斯吉纳去苏联，试图在工厂里找份活儿干，但只有莫斯科大学有兴趣招聘他担任哲学教授。维特根斯坦和斯吉纳只得失望而归。斯吉纳显露出了极强的学术天赋，但他深受维特根斯坦厌学情绪的影响，最后在一家工厂里当了名机修工。1941年，斯吉纳得了小儿麻痹症去世，这使维特根斯坦悲痛万分。

在三一学院，他的学生都为他的讲演所打动，并被他那种居高临下和富有魅力的个性所折服。一个听过他讲演的学生当时这样说："人们简直感觉他就是上帝在人间的代表。"

表兄哈耶克教授

在维特根斯坦的一生中，他与许多名人有过或多或少的交往。在剑桥时，他和同时执教剑桥的经济学家哈耶克教授有过交往，而且他们还是远房亲戚。哈耶克被学术界视为20世纪最伟大的经济学家和政治哲学家之一，并获得了1974年诺贝尔经济学奖。据哈耶克教授在《文汇》杂志1977年8月号上发表的纪念维特根斯坦的文章说，哈耶克的曾外祖父和维特根斯坦的曾外祖母是兄妹。

哈耶克和维特根斯坦俩人一生只见过屈指可数的几次

面。据哈耶克自己说，就是在这几次见面中，两人也多是寥寥数语、话不投机时居多。哈耶克是个一本正经、引经据典、按部就班做学问的"老学究"，而维特根斯坦则是个天才、独辟蹊径的思想"独行侠"。维特根斯坦喜欢音乐和读侦探小说，哈耶克则喜欢收藏古籍孤本。

哈耶克承认，早在20年代末，他就是维特根斯坦《逻辑哲学论》的第一批读者。但他没有真正理解维特根斯坦哲学，只在1962年撰写《规则、认知和可知性》一文时提到过这位作为大哲学家的远房表兄。但从这一处提到维特根斯坦的地方，人们推知，哈耶克曾细心研读过维特根斯坦的后期哲学巨著《哲学研究》。

维特根斯坦对哈耶克有些冷漠。有一次，哈耶克与维特根斯坦在从维也纳省亲回来的火车上相遇。维特根斯坦即时认出了哈耶克："你是哈耶克教授!"但说完又沉迷于读他的侦探小说。读完之后，才开始与哈耶克搭讪几句，谈起哲学和伦理学问题来。不过，哈耶克对自己的这位远房表兄却十分敬仰。

多部哲学笔记

评论家们一致认为，维特根斯坦厌恶学术生活和三一学院那帮学究们。除了《逻辑哲学论》一书之外，他再也没有发表什么文章和专著，但他在课堂上讲的内容、偶尔口述给学生的笔记，却广为流传。数量不小的笔记以及另一些手稿，在他去世后由研究者编订成书，包括《哲学评注》《哲学语法》《蓝皮笔记本》《褐皮笔记本》《关于数学基础的若干评注》等。

哲学评注（1930 年）

维特根斯坦 1930 年前后的哲学观点，可以通过两厚本打印稿加以研究。一本是一篇大约八百页的论文，像一般的学术著作一样，它分出了有标题的章和节。维特根斯坦肯定感到这种写作方法对他的思想是一个很大的束缚。另一本是冠有标题《哲学评注》的打印稿。两本打印稿的题材非常广泛，但主要的思考集中于数理哲学。

《关于逻辑形式的几点看法》一文，阐明了这个时期维特根斯坦的哲学观点。它是继《逻辑哲学论》之后维特根斯坦所发表的唯一的哲学著作。这篇论文估计是他要在英国哲学家年会上宣读的。这是在 1929 年，即几乎是紧接在他返回剑桥重操哲学旧业之后。为这次会议准备的论文事先印好并发给了会议参加者，接着作为续集收入亚里士多德学会的会议录中。使他的听众大为惊讶的是，维特根斯坦给他们谈的完全是另外一个题目——"数学中的无限概念"。

在 1930 年左右的手稿和打印稿中，人们发现有一些是他在石里克和维也纳小组其他成员的著作中见到过的论述。这个时期他正在为离开《逻辑哲学论》的思路而另辟蹊径。

维特根斯坦拿《哲学评注》去申请研究基金。当时是由罗素来负责鉴定的，罗素不喜欢这一套新理论，写下的评语大意是：这本书非常有创造性，但在他看来是错误的。然而，同意给他研究经费。

蓝皮书与褐皮书（1933—1934 年）

在 1933 年，维特根斯坦的哲学思想出现了重大的转变。这一转变的标志，就是被人们称为《蓝皮笔记本》《褐皮笔记本》和两个哲学笔记本，这是维特根斯坦唯一两本全用英文写的笔记。

《蓝皮笔记本》是 1933 年至 1934 年维特根斯坦在牛津大学向他的七个学生讲课时口述的一部分讲稿。这部分讲稿是英文打印稿。当时，打印了二三十份，分别送给罗素和其他友人征求意见。这部分讲稿装在一个蓝色的封皮内，被学术界称为《蓝皮书》。后来于 1958 年在英国出版，共 74 页。它包含了维特根斯坦中后期哲学思想的基本观点和初步论证。

《褐皮笔记本》是 1934 年至 1935 年维特根斯坦在牛津

大学向他的两个学生斯金纳和安伯罗斯口述的另一部分讲稿，这部分讲稿也是英文打印稿，打印了三份，这部分讲稿装在一个褐色的封皮内，被学术界称为《褐皮书》。后来于1958年在英国出版，共110页，分两部分：第一部分73节，第二部分25节。维特根斯坦在口授此书的一年之后，用德文改写了这部分讲稿，但没有全部改完。

"哲学"何为

在重返剑桥前后，维特根斯坦的早期观点遭到了他的两位朋友的批评，这些批评对维特根斯坦的新哲学思考的形成非常重要。这两位朋友，一位是到乡村拜访过他的拉姆齐，另一位是皮诺·斯拉法。后者是一位意大利经济学家，他在维特根斯坦返回剑桥之前不久到了剑桥。主要是斯拉法尖锐有力的批评迫使维特根斯坦抛弃了他早期的观点，并开始走上了新的哲学思考之路。维特根斯坦说，他同斯拉法的讨论使他觉得像是一棵树被砍去了所有枝权。这棵树能够重新发绿，是由于它自身的生命力。

"哲学家"是肩负重要使命的引路人

戴维·肖克沃克撰文说，在维特根斯坦的眼中，哲学问题具有这样的形式："我不知道自己的路。"对他来说，哲学的根源是迷失，维特根斯坦自己从来没有重新获得的一种自我放逐的意识。他的著作里充满了迷宫般的城市，永不停息的纵横交错的风景，他的想象像弗洛伊德一样，更多是空间的而不是时间上的。要让这个自我放逐的持不同意见者返回家园，不管这个家在哪里，将意味着最终放弃哲学的快乐释放。哲学只是对那些人生道路崎岖的人才是必要的。因此，在维特根斯坦的心目中，哲学家是一个肩负重要使命的引路人。

维特根斯坦十分注意界说"哲学家"这一概念。他在1933年哲学笔记中说："哲学家的工作就是为某个特殊的目的收集提醒物。"

在《杂评》（1947年）部分中写道："上帝准许哲学家洞察每个人眼前的事物。"

在维特根斯坦看来，哲学家处理一个问题如同治疗一个疾病。哲学的结果是我们发现了我们的理智在冲撞语言的界限时所留下的肿块和由此引起的直截了当的胡说。正是这些肿块使我们看到了这种发现的价值。

他思考了哲学家们是如何教会人们进行观察的方法：

一位哲学家说："应该这样地观察事物。"

然而，在维特根斯坦看来，首先，这并没有说明人们是否是这样观察事物；其次，他的告诫也许来得太晚；再次，也许那样的告诫根本不会有任何成效，造成观察方式的这种变化的动力必定来自其他地方。例如，除了培根著作的情绪表现之外，人们根本弄不清楚是否培根推动了任何事物。

作为一位后继的哲学探索者，维特根斯坦认为，他的哲学探索是继承前人的探索而后续的，他有自己的哲学前导者。在《杂评》（1931 年）中，维特根斯坦明确谈到了影响他的几位思想家："我相信我从来没有创造出任何思想，我的思想总是从他人那里获得的。我只不过立即满怀热情地抓住它，把它运用于我的阐释工作。布尔兹曼、赫兹、叔本华、弗雷格、罗素、克劳斯、卢斯、魏宁格、斯宾格勒、斯拉法就是这样对我发生影响的。"

什么是"哲学"

维特根斯坦对于哲学本身的探讨，是处在不断前行中的。这一漫长而艰辛的探索，结果是发现它并不是一门单独的科学，而是一种富有智慧的生命活动。在早年的《逻辑哲学论》中，他说："哲学不是一门学说，而是一项活动。""哲学的对象是对思想的逻辑阐明。哲学不是一种理论而是一种活动。"

维特根斯坦在这里所说的"活动"，是指那种"指明出路"的活动：

"什么是哲学？——就是给苍蝇指出逃出捕蝇瓶的道路。"

"陷入哲学困境就像这样一种情况：一个人在房间里想要出去，却又不知道怎么办。想从窗户跳出去，可是窗户太小；试着从烟囱爬出去，可是烟囱太高。然而只要一转过身来，他就会发现，房门一直是开着的！"

具体地说，"哲学"是一项探寻活动，就是做到：

要给不同的人们指明前面的路在哪里；

要给逻辑学家们"从逻辑上澄清思想"；

要给思想家们"为思想划定明确的界限"。

维特根斯坦还将"哲学活动"的性质描述为一种斗争，他说："哲学是针对借助我们的语言来蛊惑我们的智性所做的斗争。"

哲学活动所追求的，是达到对现存世界的一种"敞亮"：

"真正的发现是，当我想搞哲学时使我能够停止这样做。"

"哲学只是把一切摆在我们面前，它既不解释什么，也不推演什么。因为一切都已公开地摆在那里了，没有什么要解释的。"

在维特根斯坦看来，他的哲学探寻是破除陈腐的旧观念，破除"偶像"——"哲学所能做的一切就是破除偶像。

这并不意味着创造一个新偶像，——譬如像在'偶像的空缺'中一样。"

哲学问题

对于维特根斯坦而言，哲学问题不是知识或者科学的问题，严格地说，并不真的存在哲学问题，哲学实际上是一种消除哲学问题的分析活动，成功的哲学所导向的是非哲学的问题。因而，所谓人们所提出的"哲学问题"，也就是通过观察与思考的活动，"哲学只把一切事物展现在我们面前，即不解释也不推理——一切事物都已公开可见无须解释。人们可以把先于全部新发现和有而可能的东西称为'哲学'"。

维特根斯坦举例说：如果有人询问那些被视为"哲学问题"的问题："什么是（譬如）本体?"那么，这个人就是在要求一条规则。一条普遍规则是对"本体"这个词有效的，就是说，我已经决定去使用这条规则。关注哲学问题并不是说出关于研究课题的新的东西。

在维特根斯坦那里，他是从寻求意义这一点出发去探讨所谓哲学问题的。他指出，以往的哲学是 // 曾是 // 从何得到意义的? 例如，"同一律"似乎有着根本的意义。但现在说这个"规律"是胡说，这个命题就取代了这种意义。如果它真的有意义，"根本的"这个词也能指并非元逻辑的或哲

157

学的东西。

由此，维特根斯坦得出一个结论：语法研究是根本的，在同样的意义上，我们可以把语言叫作根本的——比如说是它自身的基础。

维特根斯坦从这里出发去探索语言的哲学，或哲学语言。他认为，语言是一种社会活动，而这里面的每个活动都带有某种目的。语言对每个人都包含着相同的圈套：大量持续的 // 可行的 // 错误的道路网络。于是，我们看到人们挨个儿地走过相同的道路，我们已经知道他会在何处转弯，在何处一直向前而没有注意到转弯，帮助人们注意这个危险之处。因此，在他看来，哲学的目的是在语言停步之处竖立一面墙。

用这一现状也可以解释人们为什么总是回到或进入"哲学问题"。也就是说，哲学之所以需要不断地重新探索，完全是因为"人们被深深地吸入哲学即语法的混淆之中。要摆脱这些混淆就要预先把他们从被抓住的大量联系中拉出来。就是说，人们必须重新组成整个语言。——但这种评议又像原来那样产生了 // 提出了 // 因为人们曾 // 并仍然倾向于以这种方式思考。因而，把他们拉出来只是那些生活在反对 // 不满足 // 于语言的直觉状态中的人们的事情。并非所有跟随直觉的人都生活在把这种评议作为专门表达的人群中"。

158

"我"为何物

为了说明和阐发传统哲学视角中人与世界、精神与感觉等的关系，维特根斯坦试图在唯我论与实在论之间建立新的一致性。

哲学的自我

在维特根斯坦看来，人与世界的关系，是"我"与"我的世界"的独特关系。

进行哲学思考的，首先是以"我"的身份出现的人，而世界则是这个人的"我"的眼中的世界。他说"我是我的世界"这一思考所要达致的目的之一，是"主体不属于世界，但它是世界的一个界限"。就自我／主体和对象／客体而言，维特根斯坦的主体，作为经验主体，它在世界中，而且是世界中的事实。因此，人作为经验主体在世界中的种种遭遇，不是绝对价值的来源。在这个意义上说，"哲学的自我并不是人，既不是人的身体，也不是心理学讨论的人的心灵，而是形而上学的主体，是世界的界限——而非世界的一部分"。

哲学意义上的自我，也就是"我"这样一个形而上学主体，是由"我的语言"的界限来划定的。"我的语言的界限意谓我的世界的界限。"因此,"我的语言"所说出的,也就是"哲学上的世界",这个世界始终是"我"所看到、"我"所描画的世界,"'我思'必须能够伴随我的一切表象"。

独特的、哲学意味的"我",表现为某种独到的"精神",这些多种类的"精神"是与每个具有生理、心理规定的"我"相联系的,是它们的独特表达。对于这一观点,维特根斯坦论证道:按照心理生理学的看法,我的性格真的只有在我的身体或我的大脑的构造中而不是同样也在全部其余世界的构造中表露出来吗?一个关键之点即在于此。因此,这种平行关系确实存在于我的精神,即精神和世界之间。只是要记住,蛇的精神,狮的精神,就是你的精神。因为根本只有从你自身你才知道精神。

现在的问题自然是:我为什么恰好赋予蛇以这种精神。对这个问题的回答只能在于心物平行论:如果我具有蛇的外貌而且做蛇之所做,那么我就会是如此这般的。对于大象、苍蝇、马蜂,同样如此。

但是问题在于,是否即使在这里我的身体与马蜂和蛇的躯体也不在同一水平线上(*而且确乎如此*),以致我既不曾从马蜂的躯体推知我的身体,也不曾从我的躯体推知马蜂的躯体。这是不是对人们何以总是相信有一种为整个世界共有的精神这个谜的答案呢?而且如果有这样一种世界共有的精神，那么它当然也会是为无生命的事物所共有。

后期，他在《哲学研究》一书中，也坚守这一探讨的始基点，把"自我"作为哲学的一面镜子加以解析。他说："哲学研究——在许多方面与建筑学研究相仿——更是对自我的研究。关于个人的阐释。关于个人看待事物的方法（个人对它们的期望）。我应该只是一面镜子，因为我的读者可以通过这面镜子看到他思想的全部缺陷，从而借助这个途径将思想端正。"

维特根斯坦之疼

人以"我"的方式存世，它表现为某种精神，但这种独特的精神又有它的生理、心理基础。这一问题所揭示的，就是传统哲学中人与人之间的精神与感觉的关系。

在维特根斯坦的一些笔记中，他用了上百个条目论述"疼"这一代表人类个体感觉的神奇的词，他的支持者和论敌都将之命名为"维特根斯坦之疼"。

"维特根斯坦之疼"反反复复地从每一个可能想象得到的细节处追问，表明了他对当前世界对"我"发生的这一感觉上真实而虚幻困扰的反观，由此将他的阅读者带入一个深邃的语言游戏和哲学、心理学的世界。在他的眼中，这个时代有如此多的痛苦，因此无论是肉体的还是灵魂的"疼"，都足以成为一个重要的哲学名词。

维特根斯坦指出，在讨论感觉词时，人们必须认真审视"疼"这一感觉词的"语法"。我疼和他疼的语法不一样，那么，是否"疼"这个字在我的疼和他的疼里语法或意义也不一样？真的只有你自己知道你在疼吗？

维特根斯坦的回答是：一方面，在最通常的意义上，我能够知道你在疼，知道你饿了，知道你想吃块冰糕，等等；另一方面，我一般不能说"我知道我疼"，除非是在强调我知道还是你知道！

你真能知道我疼吗？你看到我龇牙咧嘴的模样，猜测我疼，推论我疼，但你并不真正知道我疼，我完全可能在装疼，一点都不觉得疼却作出龇牙咧嘴痛苦不堪的样子。我看见他受了刀伤，龇牙咧嘴，我就看到了他疼，而不是推论他疼。在通常情况下，龇牙咧嘴那种疼的模样，是痛苦的一部分。"他疼"既不是专指他受了刀伤，也不是专指他龇牙咧嘴，也不是专指他有一种特殊的感觉。实际情况是，这种感觉是由刀伤之类的事情引起的，会导致龇牙咧嘴一类的反应。这是我们对疼的自然理解。我们学会心理词，就像学会其他概念一样，是通过周边情况。并且，我们不是用这些心理词指称藏在周边情况下面的一个状态或过程。

正因为疼起来有一种自然而然的模样，一个人才可能并不疼而用龇牙咧嘴等来假装疼。然而，既然一个人并不疼而能够龇牙咧嘴假装疼，这似乎就意味着疼这个词的核心还是那个感觉，而不是感觉的表现。不然，我们经过努力后有时能够把疼的感觉和龇牙咧嘴之类的表现分开，这并不意味着有一种脱离了表现的疼感。忍着剧疼装出若无其事的样子，是疼的另一种表现方式。如果不疼的人自然而然作龇牙咧嘴的疼状，感到剧疼的人自然而然一副若无其事谈笑风生状，那么，疼这个词的意思就和我们现在所说的疼很不一样了，"感觉"这个词也一定有另一种我们听起来十分奇怪的意思。疼和疼的表现之间的关系，这种通常情况恰恰是疼的语法的一部分。

维特根斯坦反复申说，对感觉概念的初步反省最容易采取的途径，是先把感觉和感觉的表达分开，把感觉视作一个对象，只不过这个对象是在身体里面，或在心灵里面。维特根斯坦反对这一论题：我们直接知道自己的心灵，关于他人的心灵是根据外部表现推论出来的。

"维特根斯坦之疼"具有丰富的意涵，他深深地揭示了某种生存关系模型，利用这一无法言说的生理表现让人来感悟焕发活力的东西——隐藏在各种自然的、人为假装的精神掩饰之下的原始生命力，它才是人们所应关注并最值得关注的。

第 7 章

后期哲学思想

哲学只是将一切摆在我们面前，既不解释，也不演绎任何东西。——由于一切呈现在我们眼前，没有什么要解释。因为隐藏起来的东西——举例来说——对我们毫无兴趣。

我们也可以把"哲学"这名称给予一切新发现和新发明之前的可能事物。

——维特根斯坦《哲学研究》第 126 条

写作《哲学研究》

重返隐居生活

1936 年的夏末，维特根斯坦从爱尔兰的都柏林重返他

1914 年在挪威斯寇尔登搭建的那座小屋，准备在这里隐居下来。他不仅与外界基本上中断了联系，而且与当地的农夫也极少来往。他在那里的主要工作是构思和写作《哲学研究》。

由于欧洲政局的恶化，他不得不于 1938 年 1 月返回剑桥，开始讲授数学基础问题。在这期间，维特根斯坦曾打算定居苏联，并于 1938 年访问苏联，似乎是这次访问打消了他在那里定居的念头。此后，他在挪威的木屋里住了一年。1939 年回到剑桥，并接替摩尔成为哲学教授。就在这一年，德国法西斯吞并了奥地利。由于不愿意成为希特勒的臣民，这时已年近 50 岁的维特根斯坦主动放弃了自己的奥地利国籍，申请加入了英国国籍，虽然他并不喜欢英国人刻板严肃的生活方式。

像在 1914 年一样，他不想从一个象牙塔里来观望这场战争。有一个时期他在伦敦盖伊医院当一个看门人。后来，他在纽卡斯尔的一个医学实验室里当助理实验员。维特根斯坦受到医务工作的强烈吸引，在 30 年代他还郑重考虑过放弃哲学去从事医务工作。在纽卡斯尔工作期间，他设计了几项证明是有用的技术革新。

1944 年，他重返剑桥，更坚信哲学教授是"一份荒唐的工作""犹如行尸走肉"。1945 年第二次世界大战结束后，以 20 年代末以后所写的笔记和由此而整理出来的打字稿为基础，维特根斯坦完成了他的后期名作《哲学研究》的主要部分，即第一部分。

他继续在剑桥任教，但对学院生活愈发不耐烦。1947年夏天，他在给马尔康姆的信中写道："我希望一个人到某个地方去写书，并且使我的书至少有一部分可以出版。只要我还在剑桥教书，我绝不可能做这件事情。我还想到，除了写作以外，我需要有一段稍长的时间单独地思考，不同任何人交谈。"复活节学期他在剑桥讲了最后一些课。秋天，他离开剑桥度假。维特根斯坦一直厌烦学院生活，声称一个人在教学时绝对做不到诚实，他最后甚至拒绝与其他教员共同进餐。到1947年底，他从剑桥辞去了教授职位，不再担任教授。他要把剩下的全部精力用于研究，专心思考、写作。他最后选择了爱尔兰，因为只有在那里，他才会完全脱离喧嚣的尘世，安静地思考和写作。冯·赖特接替了维特根斯坦的教授职位。

从30年代中期开始，维特根斯坦就一直在思考数学的基础、意义问题、日常语言的基本用法以及关于心理学、伦理学和美学方面的问题。这些思考的结果是使他完全放弃了早期《逻辑哲学论》中的基本思想，形成了一系列关于语言性质和哲学作用的看法。虽然在1936年前，他曾在挪威小屋完成了他后期代表作《哲学研究》的一部分内容，但在随后的十年间，他基本上是以口述的方式向学生们传递他的思想，同时也随手写下了大量的笔记。这些思想和笔记都没有经过整理，一直处于相当凌乱的状态。这也是促使维特根斯坦要放弃教学工作，专心完成写作的重要原因之一。

在爱尔兰的写作生活是安恬而静谧的。编写维特根斯坦电影剧本的剧作家特里·伊格尔顿在《我的维特根斯坦》的回忆文章中说，基勒里港是爱尔兰的唯一峡湾，风光旖旎，属于康纳玛拉北部的盖尔塔彻特地区。这里几乎算不上一个村庄，只有四五处茅舍，称作罗斯鹿，维特根斯坦1948年从剑桥来到这里。当地传说他养鸟写字，我们后来读到的《哲学研究》大都在这里草草写成。还有一些早期手稿，维特根斯坦让一个名叫汤姆·玛尔克林斯的当地渔民在其住处的一个外间小屋里烧掉了。汤姆是维特根斯坦在罗斯鹿期间的家务帮手。许多年后第一次遇到他时，我带着一本马尔康姆的《维特根斯坦回忆录》，里面提到一封维特根斯坦致罗素的信，信中甚为赞许地提到了汤姆。我把有幸出现在伟人们之间的他的名字指给他看，但他一点也不为所动，这真让我高兴。

伊格尔顿回忆说，不久前，我再到罗斯鹿参加爱尔兰总统阁下主持的维特根斯坦故居揭匾仪式，那个茅舍成了一个青年活动营地。汤姆已经在前一年去世了，我找到了一些年老的渔民，和他们谈起那位威严的外国学者，他在生命的最后几年，突然屈尊与他们生活在一起，我注意到他并没有给他们留下很好的印象。在罗斯鹿的渔民心目中，维特根斯坦如何与他们保持着距离，汤姆·玛尔克林斯想了许多方法不让他那个易怒的主人听到狗的叫声。维特根斯坦是一个可爱而不可思议的人物，本人实在不像那个如雷贯耳的哲学人物，而更像是一个兼僧侣、神秘主义者和机械师于一身的引人注目的人物。他是欧洲一个高大知识分子，像托尔斯泰那样渴望返璞归真。他是一个性情暴躁的极权主义者，但却永不满足地追求着神圣的境界。

初到爱尔兰，维特根斯坦对那里的环境非常满意，工作进展也非常顺利。开始他感觉有些吃力，一个人住在海岸边上，每天面对大海，远离文明世界。但这似乎并没有改变他的工作状态，经常只能靠朋友给他寄来的侦探杂志打发时间。他在 1948 年初春从爱尔兰的威克洛小客栈给马尔康姆的信中写道："在这里我根本没有任何人可以交谈。这也好也有一点不好。如能时或看到一个可以与之谈谈真正的知心话的人就好了。但我不需要社交，我喜欢的是有时有人同我相与微笑。"不过，他还是很喜欢这里的春天。他说过，他最喜欢的是四月份，因为他是在四月份出生，他的父亲也是出生于四月，他甚至开玩笑地说，四月份出生的人都是好人。

1948 年秋天，他移居到都柏林的一家旅馆。从这时起直到来年的初春，他度过了一段极好的创作时期，感觉又找到了工作的灵感。他在 1949 年 1 月给朋友的信中表达了自己的这种感觉："最近三个月左右我的工作进展顺利……我的工作继续得还相当地好。"就在那时，他完成了《哲学研究》的第二部分。当时，任伯明翰大学首席语言学教授的巴赫金（他是更出名的那位米哈伊尔·巴赫金的哥哥），是维特根斯坦最亲密的朋友之一，与他过从甚密，他是第一个聆听维特根斯坦朗读《哲学研究》的人。

《哲学研究》

《哲学研究》的第一部分大致写于 1936 年至 1945 年，完全是由维特根斯坦亲手修订的，他准备出版它，专门为该部分写了序言，并根据内容为这部分的各条编了号码。1947 年退休后继续写作该书的第二部分，与第一部分不同的是，第二部分的内容在他完成后还未来得及最后审定，当时也没有考虑要与第一部分放到一起出版，所以内容显得比较凌乱。他去世后不久，经过他的学生和遗嘱继承人安斯康和里斯编订全书并译成英文，在编辑整理中把第二部分内容分作十四个小节，与第一部分共同于 1953 年以德英对照的方式出版，第一部分是主体，第二部分是些残篇。

与《逻辑哲学论》比较，《哲学研究》的写作风格有很大改变。在《逻辑哲学论》中，维特根斯坦力图以几何的定义方式引入各个基本概念，形成一种富有魅力的文体。但是，结果并不成功，不少研究者分别指出某些概念语词的使用在逻辑上并不完全自洽。哲学概念不是几何概念，不能靠严格定义来获得其力量。维特根斯坦改变了他对哲学本质的看法之后，也随之改变了他的写作风格。《哲学研究》中几乎没有严格定义的术语，字面十分简单。它是由一系列札记组成的，这些简单的话语中富含深意，所以仍然不是一本容易读懂的哲学著作。

《哲学研究》一书反映了维特根斯坦对经院哲学的反感，他认为经院哲学假定了太多的概念和原则，条条框框束缚了人的思维。在他看来，思维、语言以及它们的表达并非只有单一的形式，而是有多种形式的。语言必须来自生活，而不是来自印在书本上的词汇。

《哲学研究》一书集中阐述了维特根斯坦的后期哲学思想。其中，所表达的哲学思想和学说，可以用语言游戏、家族相似和私有语言这三个重要概念来加以概括。后期的维特根斯坦想通过这些范畴构筑起一种日常语言哲学体系，强调了语言哲学从本质主义和绝对主义向具体生活形式的回归。

语 言 游 戏

维特根斯坦将语言与游戏相比较，认为语词的用法与游戏极为类似，借助"语言游戏"来阐明了用法即意义的观点。他以"游戏"这个词为例进行具体分析，说明游戏并没有统一的本质。对于下棋、打扑克、打球等游戏，"如果你观察它们，你将看不到什么全体所共同的东西，而只看到相似之处，看到亲缘关系，甚至一整套相似之处和亲缘关系"。

"语言游戏"概念，最初是在《蓝皮书》中提出来的。它的意思是指"孩子刚开始使用语词时的语言方式""语言的原始形式""原始语言"，在它们中思想的过程相当简明，所以，我们要研究真假问题，命题和实在一致不一致的问题，研究断定、假设、疑问，去看看这些原始形式大有益处。通过"看它们"，"笼罩着我们语言的日常使用的心理迷雾就消散了。我们看到种种清楚明白的活动和反应"。然而，这些简单的形式和更复杂的形式并无鸿沟相隔，"通过逐步增加新的形式，我们可以从诸种原始形式构造起诸种复杂的形式"。

《哲学研究》进一步阐述了"语言游戏"这一概念，一方面，它包括"孩子们借以学习母语的诸种游戏"和"原始语言"。维特根斯坦举例说，一方喊出语词，另一方依照这些语词来行动，教的人指着石头，学生说"石头"这个词，更简单的练习是，老师在课堂上说"石头"，学生跟着说"石头"，再比如玩跳皮筋、丢手绢之类游戏时边玩边唱的那些话。另一方面，这一概念还有比这更为广泛的意义。他说："我还将把语言和活动——那些和语言编织成一片的活动——所组成的整体称作'语言游戏'。"语言的原始形式是和人类其他活动编织在一起的，人们在场景中学会说话，在场景中理解语句的意思。在这个基础上，语句逐步脱离特定的场景，一个词的意义由另一个词或一串词来解释。

维特根斯坦用了很多篇幅讨论规范和遵守规则，意在说明"游戏"这个概念。因为，游戏是一些遵循规则而进行的活动，游戏的约束不是来自因果，而是来自规范。正是通过正确地言说来避免误解和争执，从而更好地相互共处。维特根斯坦认为，"一个词的意义就是它在语言中的用法"。在日常生活中，语言不仅是关乎事实的陈述，同时承担着命令、请求、祈祷、翻译、猜谜、演戏、玩笑等多种多样的功能。语言的述说乃是一种活动，或是生活形式的一个组成部分。因之，他将这种"由语言和行动交织成的语言组成的整体叫作'语言游戏'"。

维特根斯坦之所以引入"语言游戏"这个概念，意在让人们透过这一观念来重新认识哲学思维与现实世界以及与现实活动的真实关系，而不是让人迷失在哲学思维当中。他说，当"哲学家"使用一个词——"知识""存在""对象""我""命题""名称"——并试图把握事物的本质时，人们必须经常地问自己：这个词在作为它的老家的语言游戏中真的是以这种方式来使用的吗？——我们所做的乃是把词从形而上学的使用带回到日常的使用上来。世界没有本质，它只是由各种各样并无共同性而只有相似性的生活形式所组成的。维特根斯坦在《哲学研究》第23节中指出，"语言游戏"一词是为了强调一个事实，即使用语言是一种活动，或者说是一种生活形式。为此，哲学不再是哲学家们所构筑的象牙塔中的神秘之物，而是我们日常生活中不可分割的组成部分。后期维特根斯坦提出了一个哲学口号："要看不要想"，这就意味着"看清楚一切"之后，哲学问题就消失了。

家 族 相 似

在《蓝皮书》里，维特根斯坦就注意到"对一般概括的渴求"，并尝试分析这一渴求的缘由。他举"游戏"为例，说明种种游戏并没有一种共同的特征，而是形成了一个家族，这个家族的成员具有某些家族相似之处。"一个家族的有些成员有一样的鼻子，另一些有一样的眉毛，还有一些有一样的步态；这些相似之处重叠交叉。"与此相似，一个概念之下的各种现象 A，B，C，D，它们并不具有唯一一种或一组共同性质，而是 A 相似于 B，B 相似于 C，C 相似于 D 等等。

在《哲学研究》中，他用了大量篇幅探讨了"家族相似"概念以及与之相关的问题。维特根斯坦明确列为家族相似性质的概念，有游戏、数、词、句子、语言、读、引导等，对其中有些概念作了详尽研究。他设想，他的论敌诘难说："你谈到了各种可能的语言游戏，但一直没有说，什么是语言游戏的、亦即语言的本质，什么是所有这些活动的共同之处？……涉及句子和语言的普遍形式的那部分。"

对此，维特根斯坦回答说："我无意提出所有我们称为语言的东西的共同之处何在，我说的是：我们根本不是因为这些现象有一个共同点而用同一个词来称谓所有这些现象，——不过它们通过很多不同的方式具有亲缘关系。由于这一亲缘关系，或由于这些亲缘关系，我们才能把它们都称为'语言'。"

维特根斯坦认为，游戏之间"看不到什么全体所共同的东西，而只看到相似之处，看到亲缘关系"，他将这种"错综复杂的互相重叠、交叉的相似关系"称为"家族相似"。

也就是说，一个家族的成员之间的各种各样的相似之处：体形、相貌、眼睛的颜色、步姿、性情等等，也以同样方式互相重叠和交叉。所以，他认为"游戏"形成一个家族。语言的"家族相似"特征决定了语言没有一个固定不变的本质。

维特根斯坦认为，由于具体的事物并无统一性，只有相似性，这就像各种游戏之间没有一致性而只有相似性一样。他写道："一定有某种共同的东西，否则它们就不会被叫作'游戏'——请你仔细看看是不是有什么共同的东西。——因为，如果你观察它们，你将看不到什么全体所共同的东西，而只看到相似之处，看到亲缘关系，甚至一整套相似之处和亲缘关系。……你会发现，这里与第一组游戏有许多对应之处，但有许多共同的特征丢失了，也有一些其他的特征却出现了。当我们接着看球类游戏时，许多共同的东西保留下来了，但也有许多消失了。……我们可以用同样的方法继续考察许许多多其他种类的游戏；可以从中看到许多相似之处出现而又消失了的情况。"

维特根斯坦提出的"家族相似"概念在现代哲学界引起了反响。佛格林说，家族相似概念是人们对维特根斯坦后期哲学中"讨论得最多的问题之一"。研究者班波罗夫认为，维特根斯坦提出的"家族相似"概念，"解决了通常所谓的'共相问题'"。传统的共相观主张，一个范畴对属于该范畴的所有成员都是平均无差别的，而现代研究者则指出，有些典型的所谓共相概念，如"鸟"，实际上对各种鸟也不是无差别的，喜鹊、老鹰是典型的鸟，鸵鸟、企鹅则是非典型的鸟。对于这一点，用传统的"共相观念"就无法解释，而用"家族相似"概念则可完满地解释它。

私 有 语 言

所谓私有语言论题，指的是维特根斯坦关于不可能有私有语言的论证。这个论题在《哲学研究》里占有大量篇幅，集中的讨论从第 243 节到 315 节。

维特根斯坦是这样谈论私有语言的："这种语言的语词指称只有讲话人能够知道的东西；指称他的直接的、私有的感觉。因此另一个人无法理解这种语言。"他反对这种所谓的私有语言，认为私有语言不是只被某一个人使用和理解的语言，而是只能被一个人使用和理解的语言。极难破解的密码、一个小种族的最后一个传人所说的语言，这些都不是私有语言。

维特根斯坦认为，在私有语言这个名目下，集合着关于语言本性的多种错误看法和混乱议论。真正的问题是"理解"。他在晚年曾和杜里讨论过"理解问题"。据杜里回忆说，维特根斯坦频繁使用的两个词是"深刻"与"肤浅"。记得他说："康德和贝克莱对我来说是非常深刻的思想家。"关于叔本华，他说："我好像很快就能把他看得一清二楚。""艾耶尔有点可说的，但他难以置信地肤浅，克普莱斯顿牧师对讨论根本没有贡献。"另据特兰诺伊的回忆，有一次，在维特根斯坦去世前不久，他谈到真正理解另一个人的思想是多么困难。他说，不要以为你能够理解另一个哲学家在说什么（我相信这时他提到斯宾诺莎的例子）。你能够达到的最接近的程度是这样的："这片景象是我熟悉的。我自己曾经是它的邻居。"

维特根斯坦的私有语言理论引起了争论。英国语言分析哲学家艾耶尔一开始认为可以创制完整的私有语言，后来认为私有语言最多只能是嫁接在公共语言上的分支：公共对象的命名和述说是公共可理解的，但另有一些私有对象、私有经验／感觉，其命名和述说只有一个人懂。而另一位美国哲学家杜威则通过对意义观念论的批判来否定私有语言。杜威强调，语言是一种关系，至少要有两个人参与，人们在使用声音"建立真正的行动共同体"的时候使声音获得意义，成为语词。人们从群体习得语言，独白则是与他人会话的产物和反映。不过，杜威的这一见解只是对事实的肯定，而没有把事实转化为经过解释的事实。

第8章

最 后 时 光

一个人死后，我们看到他的生活处于一种和谐的光辉之中。在我们看来，他的生活透过一层薄雾而变得柔和起来。

——维特根斯坦《杂评》1945年

查 出 癌 症

访问美国

维特根斯坦一生过着独身的生活，没有结婚，没有组建自己的家庭。自从1947年辞去教授职务后，维特根斯坦几乎每年都要回到维也纳与大姐一家人团聚，共度圣诞节。他说，这主要是因为那里有他深爱着的大姐。特别是在大姐身患癌症后，维特根斯坦更加感觉家庭对他的重要性。只有在姐姐的家庭中，他才能感受到亲人的温暖；也只有与家人在一起，他才真正感到身心的放松。

1949 年夏，维特根斯坦接受了马尔康姆的盛情邀请，前往美国访问。在美国，他在康奈尔大学与哲学系的师生进行了多次座谈，还和其他一些美国哲学家进行了交流。在这些交流中，学者们认为最有价值的讨论是关于摩尔的外部世界证明问题。他反对摩尔的论证方式，提出了关于外部世界的确实性是不可证明的思想，由此形成了他晚期的《论确实性》一书的主要观点。

在访问美国时，他已感到身体不适，首先就想到了自杀。他曾这样询问马尔康姆："如果一个人在世界上只有一件东西，那就是他的才能，那么，当他开始丧失这种才能的时候，他应当怎么办呢？"维特根斯坦最关心的不是死亡本身，在他看来，与其卧床等死，不如自己痛快地结束自己的生命。

在结束美国之行返回英国后不久，1949 年 11 月 25 日，维特根斯坦被诊断为前列腺癌。当他得知自己患了癌症时，表现得出奇镇定，声称"早就不想活了"。医生告诉他还有六年的生命，可维特根斯坦却说："这样不自然的半生状态六个月就够了。"

1949年的圣诞节对他来说并不轻松，因为他已经知道自己身患癌症，但又不愿意家人知道而为他担心。他原本想过了圣诞节就回到剑桥或牛津，但他的身体状况又使他不得不在家里多留了一些日子。他的大姐在遭受了长时间的癌症折磨后，在1950年2月离开了人世。维特根斯坦目睹了最亲近的人离开自己，心中充满了伤感。

在这些年里，维特根斯坦一直在整理他的手稿和笔记。早在他放弃剑桥教职到爱尔兰居住时，他就曾亲手毁掉了认为对自己工作没有用处的一批旧稿，留下认为有用的稿子和笔记。由于得知了自己的疾病，担心自己不能久留人世而使工作半途而废，他在1949年圣诞节到1950年3月最后访问维也纳时，曾要求把自己的大量文稿都烧掉。在他去世后，他的遗嘱执行人鲁什·里斯先生收到维特根斯坦留在剑桥大学三一学院的一个箱子，里面是他的大量手稿。出版了《维特根斯坦全集》后，这些原稿又被交回到三一学院，一直到今天都保存在威林图书馆。维特根斯坦本人在第二次世界大战期间就把他的文稿存放在那里，他向朋友说，他认为这个图书馆是这些文稿恰当的永久存放地。

1950年3月底，他从维也纳回到了伦敦，住在里斯家里，后来又在剑桥的冯·赖特家里住了一个月，最后搬到了牛津的安斯康家中。

在牛津期间，牛津大学曾邀请他在该校的洛克讲座上作报告，但要求是必须办得十分正式，不能有讨论。对此，维特根斯坦显然是不能接受的。因为在他看来，没有讨论的哲学讲座是十分可笑的。不过，他在解释为什么拒绝这个邀请的理由时，却是由于他并不相信自己给那么多的听众开设非常正式的讲座会有什么好处。

这个时候，马尔康姆在美国为维特根斯坦争取到了洛克菲勒基金，以帮助他完成正在进行的研究工作。维特根斯坦得知这一情况后，在表示感谢的同时，提出自己无法接受这笔基金。他在给马尔康姆的回信中详细解释了他的理由：

> 想到能够在我所喜欢的地方生活，不必成为别人的负担和累赘，而且当我的本性要我去搞哲学时就去搞哲学，这对于我当然是愉快的事情，就像任何一个想要搞哲学的人都会对此感到高兴一样。但是，我不能从洛克菲勒基金会接受经费，除非董事们了解我的全部真实情况。这些真实情况是：
>
> （1）自从1949年3月以来我就不能做任何持久和有效的工作。
>
> （2）即使在那以前我也不能在一年中顺利地工

作六到七个月以上。

（3）因为我日益衰老，我的思想明显地变得没有力量，清晰的时候越来越少，而且我非常易于疲劳。

（4）由于经常的轻度贫血使我容易得传染病，我的健康处于某种不稳定状态。这又进一步减少了我做真正有效的工作的机会。

（5）虽然我不能做任何确定的预言，但我觉得很可能我的头脑再也不能像过去，比如说十四个月以前，那样有活力了。

（6）在我有生之年我不能同意出版任何东西。

我相信只要我活着，一旦我的精神状态允许，我就会思考哲学问题并尽量把它写下来。我相信我在过去十五至二十年间写的很多东西，如果出版的话，会使人们感兴趣的。然而，完全可能的是，我将要写出的一切却只是平淡无奇的，没有灵感的，令人厌倦的。有的人年轻时做了杰出的工作，一旦老了，工作确实很不出色，这样的例子很多。

这段表白真实地反映了维特根斯坦晚年生活的状况和心境。

待在床上也要运思

尽管他在这时已经感到有些力不从心，但并没有完全放弃哲学思考。他在 1949 年 5 月以后的哲学思考主要集中在三个问题上：一是关于知识和确实性问题。他在这个问题上所写下的笔记，后来于 1969 年被编辑为《论确实性》出版。二是关于"色彩"概念的哲学思考。这部分于 1977 年被编辑为《论色彩》出版。三是一些关于"内在"与"外在"问题的思考。这些笔记的内容被编辑为《心理学哲学最后著作》第二卷于 1992 年出版。这本书的第一卷收集了他在 1948 年至 1949 年间写下的手稿，于 1982 年出版。这些著作以及其他大量尚未整理出版的手稿说明，维特根斯坦在他生命的最后几年，始终在思考哲学问题。

1950 年的大多数时间是在安斯康家中度过的，但他念念不忘自己在挪威的小屋。这年秋天，他在牛津的朋友里查兹的陪同下专程前往挪威。他对这次挪威之行非常看重，因为他已经意识到自己剩下的时间不多了，这次挪威之行，可能是他对那个他曾经度过美好时光的乡间小屋的最后告别。在挪威，维特根斯坦与里查兹大约住了五周时间。这次重返挪威，给维特根斯坦留下了很好的印象：初秋的天气清爽宜人，他们所到之处都受到了很好的款待。特别是当地自然宁静的生活环境，使他重新产生了回到这里工作的念头。但里查兹身体虚弱，两次支气管炎发作，使他们不得不很快返回牛津。维特根斯坦在写给马尔康姆和冯·赖特的信中提到，他已打算在挪威一位朋友的农场里过冬，并且预订了12月30日去往挪威的船票。不过，后来严重的疾病使维特根斯坦放弃了这个计划。

1950年11月27日，维特根斯坦回到剑桥，再次请冯·赖特的私人医生比万为他作了身体检查。这时，他的病情并不稳定，有时觉得很厉害，甚至难以下床，有时又觉得很轻松。

论 确 实 性

对"确实性"的沉思

在生命的最后时期，维特根斯坦不断地思考知识、世界和生命的确实性问题。这也是生命之初从他心中升起的并且终生在追寻答案的哲学问题。这个问题成为贯穿他前后期哲学的底线。维特根斯坦不仅在为语言和逻辑寻找确实性，而且在为人的生存寻找确实性。他认为，他不仅在思考中找到了，以前后期两种思想分别开拓了哲学的新境界，而且，还用他的生命印证了一种平静的确定生活，友谊、爱和信仰始终陪伴着他。所以，他觉得自己是幸福地、有意义地度过了一生。

维特根斯坦的《论确实性》一书，是对他早年的哲学老师、英国哲学家摩尔的论文《外在世界的证明》（1939年）中驳斥怀疑论所用方法的批判。这部著作是维特根斯坦在生命最后的一年半中写成的。在1949年，他接受马尔康姆的邀请访问美国，住在马尔康姆家中。在与马尔康姆的交谈中，重新唤起了他对摩尔"为常识辩护"这一主张的兴趣。摩尔认为，人们确实知道一些命题，如"这里有一只手，这里还有另一只手"，"地球在我出生之前很久就已存在"，以及"我从未远离地球表面"等。第一个命题出自摩尔的《外在世界的证明》，另外两个命题则出自《为常识辩护》。维特根斯坦很久以来就对此很感兴趣，还曾对摩尔说这是他最好的一篇文章，摩尔对此表示同意。《论确实性》一书收进了维特根斯坦从那时起直到去世前就这一题目写下的全部笔记。这些笔记全是初稿，他没有来得及整理和修改就与世长辞了。

这不是一本选录，维特根斯坦在他的笔记本上注明这是一个独立的研究题目，显然他在这一年半当中的四个不同时期探讨过这个题目。这些笔记材料分为四个部分，整理这些笔记的专家认为，写在大张带格活页书写纸上的是第一部分的笔记，共二十张，未标明日期。维特根斯坦把这些笔记遗留在牛津大学的安斯康家中他住的房间里。从 1950 年 4 月至 1951 年 2 月，维特根斯坦一直住在那里，只有秋季去过一次挪威。安斯康说：这一部分是维特根斯坦在维也纳写的，他从 1949 年圣诞节至第二年 3 月一直住在该地。其余的部分则写在一些小笔记本上，注有日期，甚至将近结尾也总标明写作日期。最后一则笔记写于 1951 年 4 月 27 日，即他去世前两天。

《论确实性》是维特根斯坦在其一生最后十八个月中对知识和确实性问题进行深入探讨的结果，实际上是他这一时期哲学思考过程的记录，读起来就像是作者的思想独白。每则笔记只是按日期把当时的思想记下来，前后顺序并没有照主题重新加以整理和安排。因此同一个讨论题目往往多次重复，前后论点有时也不免有相互矛盾之处。读者为了弄清作者在某个问题上的观点，常常不得不在几百则笔记中前后翻阅，反复查看，所以阅读本书要有极大的耐心。各节的编号是编者加上的。

《论确实性》的主要思想

《论确实性》一书主要是从批判摩尔的常识理论入手，

展开对世界图式等问题的讨论。维特根斯坦没有批判摩尔所说的常识，而是批判摩尔的对常识进行辩护的方法，也批判了摩尔对常识所持的孤立不变的观念。

维特根斯坦认为，摩尔在辩护时总是使用"我知道……"这一短语，他认为这一短语就等于"我相信……为真"。维特根斯坦认为，"我知道"在日常用法中并没有"我相信"的意思。"我知道"意味着我对我的叙述有正当理由，而"我相信"则并不需要总是能够提供相信的证据的。摩尔的错误在于他把"知道"和属于世界图式的东西联系在一起，而世界图式是一个完整的语言体系或人们的信念整体。维特根斯坦认为，世界图式不是语言游戏本身，它是不需证明或说出理由的，它反而是证明其他"知道"的事情的根据。摩尔所列出的"我知道"的那些内容，只是属于他自己和与他有共同信念的人的世界图式，即所谓常识的世界观。

维特根斯坦认为，人们的世界图式是多种多样的。如果你在辩护时说，人们所相信的东西必须与现实相符才是合理的，这说明了正是你的世界图式告诉你什么东西同现实相符，并且告诉你同现实相符是一个检验标准。儿童是通过训练和不断实践获得其世界图式的。在日常生活的各种游戏中，你会不断地接纳一些你所相信的东西进入自己的信念和语言体系之中，它是语言游戏得以实现的基础。

维特根斯坦对摩尔对常识所持的孤立不变的态度进行了批判。摩尔在较早的一篇论文《维护常识》（1925 年）中列举了一些命题，说他确实"知道它们为真"，比如说"我有身体"，"除了自己以外还有别人"，以及"地球在我出生之前很久就已存在"等。他坚持说他确实能够知道这些命题为真，而且认为有些真理是人们确实知道但不能证明的。

　　维特根斯坦认为他所列举的命题根本不是知识的典型范例。维特根斯坦认为摩尔在说"知道"时，违反了这个词的正当用法，因而是一种误用。照维特根斯坦看来，凡是知识就必须有理由根据。他说，"我知道"经常表示这样的意思：我有正当的理由支持我说的语句。

　　人们在准备好给出令人信服的理由时才说"我知道"。

　　但是如果他所相信的事情属于这样一类，即他能够给出的理由并不比他的断言有更多的确实性，那么他就不能说他知道他所相信的事物。

　　另外，知识总是伴有怀疑的可能性。换句话说，知识与怀疑是共存的，两者只有结合起来才有意义。与此相反，摩尔所列举的确实性命题则是不能怀疑的，因而也就不是什么知识。

　　维特根斯坦总结说，从逻辑上讲"知识和确实性属于不同的范畴"。换句话说，知识总是可能有怀疑和错误，而确实性则排除了怀疑和错误。确实性不需要理由根据，因为确实性本身就是被我们当作理由根据的东西。维特根斯坦指出："如果我试图给出理由，我能给出一千个，但是没有一个理由同其所支持的事物一样确实。"

《论确实性》所要阐明的中心思想，这些不容怀疑的确实性命题（如"我有两只手"）是基础，即这些命题的确实性是不容怀疑的，是我们一切判断和行动的基础，是把它们当作我们必须接受的某种先于知识的早已给予的事实，脱离了这些确实性命题我们就无法思想，无法行动。这些确实性命题不是先于其他知识的知识，而是属于一个相互依赖的体系。

深 度 生 存

在生命即将终结的最后日子里，维特根斯坦找到一位完全不懂哲学的牧师，他只想纯粹地探寻灵魂、上帝、宗教的意义。实际上，他想要最后探寻的是：人的深度生存问题。

神秘之物

在维特根斯坦的心目中，人作为一个自我的存在，是一个神秘的存在。对于这一思想，他早在《1914—1916年笔记》中就有所表达：

自我，自我乃是极其神秘的东西！

自我是通过世界之为我的世界而进行哲学思

考的。

人不但是一种神秘的存在，而且与人并存的世界，在世界中存在的种种物体的存在也是一种神秘的。

在他的名作《逻辑哲学论》中，他揭示道：

的确有不可说的东西，它们显示自己，它们是

神秘的东西。

神秘的东西不是世界如何，而是世界存在。

正是人与物的这种神秘的存在，构成了现实的结构，也生成了丰富的意义。对于人与世界的观察者与揭示者来说，深入其中一探究竟，揭示其隐秘，是极具诱惑力的。

隐藏

对于人与世界之谜的揭示者来说，揭秘与隐藏，是其使命。

维特根斯坦承认，人与世界向人们敞开，但也向人们有所隐藏。他在《心理学哲学评论》第二部分中揭示道："他对我隐藏了一种东西，他可以用如此方式隐藏它，以致不仅我绝不会找到它，而且要找到它也是完全不可想象的。"

这是一种深度的隐藏。

——可是，如果他不知不觉地给出一些把他的秘密泄露出来的标记，那又怎样呢？这毕竟是可能的。

——可是，并非只有他自己才能决定是否那些标记真正泄露了他的秘密？

——可是，难道我不能始终认为他已经忘记在他心中发生的事情，从而不对他的话语作出认可？因此，这意味着：我说这些话语是没有价值的；或者认为它的价值仅仅处于它是一种可以从其中想出他的状态的现象。

他列举道：

如果某种东西被隐藏起来，那么这是不是仿佛一个文件被隐藏起来，或者毋宁说某种与文件相似的东西被隐藏起来；这个东西的意义仅仅处于他曾经从其中读出或者读入的那种东西之中。

还有另外一种情况，这就是误导式的隐藏自身：

他自然可能对我作错误的引导，使我作出错误的结论。可是，不能由此得出他隐藏了什么；尽管他的行为方式使人可以把它与隐藏相比拟。

但无论怎样隐藏，维特根斯坦相信它终有一天被揭明。他在《哲学语法》的笔记中说：隐藏着的东西一定能够被找着。（隐藏着的矛盾）因此，隐藏着的东西在它被发现之前一定完全可以被描述出来，如果它已经被发现。

十分有意义的说法是：一个对象隐藏得十分好，以至于不可能发现它；但是，当然，这里的不可能并不是一种逻辑的不可能；就是说，有意义的说法是，发现对象就是为了描述发现；我们否定的只是它会发生。

思考一下在自己的记忆中探寻某种东西是什么意思。

这里当然存在严格意义上的某种像探寻那样的东西。

但是，尝试产生一种现象，并不是要探寻的那种现象。

设想我正在用我的手感觉一个疼的地方。我正在可能及的究竟中探寻，而不是在疼的究竟中探寻。这说明，如果我找到疼的地方，那么我所找到的实际上是一个地方而不是疼。这表明，虽然经验证明压力产生一种疼，但是压力并不探寻一种疼，就像转动发电机的手柄很少是为了探寻电火花一样。

在《关于心理学哲学的最后著作》中，他进一步揭示道：

说我的疼痛被隐藏起来了，这是否正确呢？

譬如说，未来是否被隐藏起来了？

没有什么是像未来的事件那样被很好地隐藏起来。人们不可能知道它们。人们只知道现在发生的事情。

仿佛这里有一个谜，然而它不一定是一个谜。（"所有的形状都相似，没有一个是相同的。因此，合唱表明一条隐藏的规则。")

有些人的面容会立刻把他们的态度向别人泄露出来，如果他们想假装，他们便把面容隐藏起来。

设想一个人通过把写出来的计划隐藏起来以隐藏他的意图。

这里没有什么是隐蔽的；如果我假定某种东西被隐蔽起来，那么人们不会对认识这种被隐蔽起来的东西感兴趣。

不过，我可以通过把我的日记本隐藏起来而对他隐藏起我的想法。在这种场合，可能他对认识所隐藏的东西感兴趣。

寻找

既然存在着某种神秘的存在，并且它们是深度隐藏的，那么寻找它、敞开它，就成为一项重大的任务。在维特根斯坦看来，揭示神秘之物本是人类智慧的天然本性。在《1914—1916 年笔记》中，他说：追求神秘的东西的内在动力来自我们的愿望没有被科学所满足。我们觉得，即使一切可能的科学问题都得到了回答，我们的问题仍然毫未触及。当然那时已不复有问题存在；而这正是回答。

在《维特根斯坦与维也纳小组》一书中，作为神秘之物的揭明，就成为一个"问题"：不可解决的问题是不存在的。

什么是一个问题？一个要加以探寻的要求。一个问题仿佛开启了一个思想的活动，这一活动的终点就是答案。这一活动的方向是由答案的逻辑位置决定的。如果不存在答案，那么也就没有了人们能够在其中加以探寻的方向；因而，如果没有这种思想的活动，那就意味着：问题不存在。

人们只能问：人们可在何处探寻。人们也只能探寻一种探寻的方法何在。探寻就意味着系统地研究。

在《维特根斯坦剑桥讲演集（1930—1932 年）》中，我们可以看到他对这一任务的继续揭明：如果我们寻找隐蔽的矛盾，而又不完全知道如何发现它，那么我们就是不明的，不过，我们仍有 p.—p 形式的某个概念。所以你也可以说下棋的目的是擒王，而你能做到那一点的方法有上百种。

我们一旦对一个隐蔽的矛盾作出规定，我们就已经发现了它。

在《心理学哲学评论》第一部分中，他继续说：有人正在寻找某种东西，但还没有找到，可是他知道他寻找什么。——然而，也可能有这样的情况：有人在自己周围看来看去寻找东西，不能说出他寻找什么；最后，他抓住某个东西，并说"这个就是我想要的"。可以称那个动作为"寻找"，"而不知道他寻找什么"。

对于探索、探寻、寻找，他认为这是一种系列的活动。在《哲学评注》中说："求"肯定总是意味着系统的探寻。如果我在无限的空间中盲目地四处寻找金戒指，这就不是探寻。

探寻只能在一个系统中进行：因此，肯定有一些人们不能探寻的东西。

在《哲学语法》中，他说：寻找它（例如我的手杖）是一种特殊的寻找，而且不同于人们寻找其他东西，因为人们在寻找时所做（说、想）的不是因为他要找的东西。

在《哲学》（1933年）中，他特别以"哲学"探寻为例来说明这一探寻的过程和方法：

> 当大多数人应当从事哲学研究时，他们的行为就像是非常紧张地在抽屉里寻找一个东西。他从抽屉里扔出稿纸——他要找的东西可能就在这堆稿纸里——匆忙大致地翻阅它们。把它们又放回抽屉里，和其他的东西掺在一起，等等。于是，人们只能告诉他：住手，如果你像这样去找，我就无法帮你找到。首先，你得开始在方法上挨个儿考察，要宁静平和；然后，我愿意帮你去找，和你一起以这种方法为模式去寻找。

一个问题也就表明了一种探求的方法。

在《哲学评注》中，他又研究了探索与期待的关系问题。他说：期待和探求相联系。我知道我在探求什么，而我所探求的东西并非一定真正存在。取代期待的事件是对期待的回答，这就是说，期待必须与被期待的对象在同一空间中。

此刻存在即是永恒

维特根斯坦在病中，身体非常虚弱，预感到自己的思想探寻生涯即将结束。他在1951年1月写给马尔康姆的信中说："我的心灵已经完全枯萎了。这并非在诉苦，因为我并不为此而真正感到痛苦。我知道生命总有一天要结束，而精神的生命可能在其余的生命停止之前就停止了。"

1951年2月初，在剑桥的比万医生建议下，维特根斯坦住进了他的家里。在这段日子里，冯·赖特教授经常去看望维特根斯坦，询问病情。有时，他感到谈话都有困难，因此身体稍微好一些时，就在床上给冯·赖特教授写上一封短信。在保留下来的一封写给冯·赖特的信中，他这样写道："在过去的一个月里，我一直病得很厉害。……在前几天我觉得非常好，但每天的大部分时间我仍然待在床上。"

维特根斯坦是一个不断创新的思想家，直到生命的最后时刻来临之际，他还在检讨自己的工作，对他本人影响的后果也并不是非常满意的。实际上，他一直没有介入由于他的著作和思想所引起的世界范围的讨论。他认为，他的思想经常被那些甚至自称为他的信奉者的人所误解和歪曲。他怀疑将来他是否会得到人们较好的了解。有一次他说，他觉得他好像是在为那些具有与当今人们完全不同的思想方法和不同的生活态度的人而写作，好像为了另外一种文化的人。在1947年的时候，他这样表白道："是否只有我一个人才能创立一个学派，或者是否一个哲学家绝不可能做到这一点？我不能创立一个学派，因为事实上我不想被人仿效。无论如何，不要被那些在哲学杂志上发表文章的人仿效。"事实上，他自己之所以不出版他的晚期著作，这也是一条理由。

维特根斯坦知道，他的哲学使命就要完成了，他该回到另一种境界里，到另外一个世界去继续他的生存。

此刻，在维特根斯坦的脑海里出现了1933年写于"大打印稿"中的一段话：

> 显然，使我们感到平静的是，我们看到某个体系排除了那些总是使我们感到不安的结构。哲学的不安及其解决的奇怪之处可能在于，这就像是一个苦行僧站在上升的重球上所受的苦难，痛苦地呻吟，而别人告诉他的解脱方法就是"跳下来"。

他知道，这种平静是一种内心的感受，一种他早年在

《哲学评注》所讨论过的那种绝对的寂静：

绝对的寂静难道可以同内在的耳聋——我是指对声音的概念全然不晓——相混淆吗？如果真是这样，那么也就不能把缺失听觉同缺失一种其他感觉区别开来。

维特根斯坦知道，自己就要获得真正的解脱了。

维特根斯坦在他生命的最后日子里，精神感到异常兴奋，甚至认为自己又可以开始从事哲学研究了。在维特根斯坦去世前十三天，给马尔康姆写了一封信，信中说："在我身上发生了一件奇异的事情。大约一个月前，我突然发现自己处在一种正好适合搞哲学的精神状态。我曾绝对地肯定我永远不能再搞哲学了。这是两年来的第一次，我的思路畅通了。——当然，到现在我只工作了大约五个星期，而且说不定明天就会全部结束；但是现在这给了我很大的鼓舞。"这显然是维特根斯坦的生命即将走向终点的信号。在最后六周里，他还在不断地工作，写作和修改他随身携带的大量手稿和笔记，包括他最后的作品《论确实性》。他把其他的手稿和打印稿留在了牛津的安斯康家中，他自 1950 年 4 月以来一直住在那里。

到了 4 月 21 日，因为冯·赖特教授有病在身，维特根斯坦到冯·赖特教授所在的学院去看望他。赖特描述了当时的情景：这是在 4 月 21 日——我们最后的相见。我因为软骨组织损伤，不得不一动不动地坐在房间里。维特根斯坦推门而入。看见他使我大吃一惊。他开玩笑地说，我看见的不是他，而是四处游荡的"幽灵"。他给我带来了一些鲜花。于是，他坐了一会儿，我们谈到我正在读的阿克萨克夫的《家族编年史》。后来，他就离开了。他于八天后去世。这时，我才强烈地感到，他实际上是来向我告别的。

在生前最后这一段时光里，维特根斯坦住在好友比万医生家里，每天记录自己的哲学思考，继续从事哲学写作，并与学生会面。直到临终前的两天，他还写下了一些足以同他以前的最佳成果媲美的思想。他对别人说，他的讲课也只是播下了"一堆莫名其妙的幻语"。他不断地驱赶自己去从事那些最繁重、最劳神的思考，老是抱怨自己过于迟钝，说自己的头脑"非常呆滞"，思想"明显地变得没有力量"。

1951年4月27日，医生告诉他，他的生命只剩下几天了。听到这个情况后，维特根斯坦大声笑道："好极了！"

两天后，1951年4月29日，身患前列腺癌的维特根斯坦在62岁生日后的第三天，在英国剑桥的好友比万医生家中与世长辞。

这位具有传奇经历的哲学家维特根斯坦给人们留下的最后遗言是：

告诉他们，我度过了美好的一生。

附录

年　谱

1889年　4月26日，生于维也纳。

1894年　开始在家中接受教育，主要学习拉丁语、古典文学、英语和德语。

1903年　入奥地利林茨城的一所中学读书。

1906年　入柏林夏洛顿堡技术学院学习机械工程。

1908年　在英国曼彻斯特的维多利亚大学注册为研究生，学习航空学。1911年秋，到英国剑桥大学旁听罗素的讲座。

1912年　正式进入剑桥大学三一学院，注册为研究生。

1913年　父亲病逝，继承巨额遗产。3月，在《剑桥评论》上发表《评柯菲的〈逻辑科学〉》一文，这是他的哲学处女作。

1914年　第一次世界大战爆发，作为志愿者参加奥军，在维斯杜拉河船上服役。

1917年　在布考维那战斗了数月。

1918年　被提升为中尉。8月，完成《逻辑哲学论》初稿，寄往维也纳一出版商，但遭拒绝。

1919年　把他继承的遗产分给四哥保罗和两个姐姐。

1920年　到奥地利南部特拉腾巴赫村担任小学教师。

1921年　《逻辑哲学论》发表于奥斯特瓦尔德主编的《自然哲学年鉴》上。

1927年　与石里克首次见面，彼此留下很好的印象。开始与维也纳小组成员接触。

1929年　到剑桥大学进行短暂访问，决定重新开始哲学研究，注册为剑桥大学三一学院的研究生，提交《逻辑哲学论》作为博士论文。开始撰写《哲学评注》。6月，罗素和摩尔主持博士论文答辩，获博士学位。

1930年　完成《哲学评注》的写作，开始撰写《哲学语法》。12月，正式被聘为剑桥大学三一学院的研究员。

1932年　完成《哲学语法》的写作。

1933年　开始向学生口述《蓝皮书》，表明他的思想发生转变。1934年向他的学生斯吉纳和安伯罗斯口述《褐皮书》。

1935年　9月，应邀访问俄国，参观莫斯科大学和喀山大学，并被聘为喀山大学哲学教授。10月，由于俄国社会生活状况恶化而提前返回剑桥。同月起，开始讲授心理哲学。

1936 年　到挪威斯寇尔登的小屋，开始动手写作《哲学研究》。

1938 年　年初，返回剑桥大学，讲授哲学和数学基础问题。德国吞并奥地利，维特根斯坦申请英国国籍。

1939 年　接替摩尔任剑桥大学哲学教授。同月，取得英国国籍。1945 年完成《哲学研究》第一部分。

1946 年　在剑桥大学讲授数学基础和心理哲学。

1947 年　离开剑桥前往爱尔兰。决定辞去哲学教授职务，并推荐冯·赖特接替他。

1948 年　5 月，住到爱尔兰西海岸的一座海滨小屋。

1949 年　返回都柏林。6 月，到剑桥，与冯·赖特一家在一起。7 月，应马尔康姆之邀，动身前往美国。与马尔康姆和康奈尔大学的哲学教员讨论确实性问题。10 月，返回英国。查出患前列腺癌。随即回到维也纳家中。

1950 年　返回伦敦，在剑桥与牛津的朋友家轮流暂住。

1951 年　1 月，在牛津立下遗嘱。4 月 29 日，刚过 62 岁生日三天，溘然长逝。葬于剑桥的圣吉尔斯公墓。

主 要 著 作

1.《逻辑笔记》（1913 年）。

2.《向摩尔口述的笔记》（1914 年）。

3.《1914—1916 年笔记》。

4.《逻辑哲学论》（1921 年）。

5.《略论逻辑形式》（1929 年）。

6.《关于伦理学的讲演》（1929 年）。

7.《路德维希·维特根斯坦与维也纳小组》（1929—1931 年）。

8.《哲学评注》（1929—1931 年）。

9.《哲学语法》（1931—1933 年）。

10.《哲学》（1933 年）。

11.《维特根斯坦剑桥讲演集（1930—1932 年）》。

12.《维特根斯坦剑桥讲演集（1932—1935 年）》。

13.《蓝皮书》（1933—1934 年）。

14.《一种哲学考察（褐皮书）》（1933—1935 年）。

15.《评弗雷格的〈金枝〉》（1931—1936 年）。

16.《关于"私人经验"和"感觉材料"的讲演笔记》（1934—1936 年）。

17.《感觉材料的语言与私人经验》(1936年)。

18.《原因与结果：直觉意识》(1937年)。

19.《论数学的基础》(1937—1944年)。

20.《关于美学、心理学和宗教信仰的讲演与谈话》(1936—1946年)。

21.《"哲学演讲"笔记》(1941—1942年)。

22.《哲学研究》(1945—1949年)。

23.《心理学哲学评论》(1946—1947年)。

24.《纸条集》(1945—1948年)。

25.《关于心理学哲学的最后著作》(1948—1949年)。

26.《论确实性》(1949年)。

27.《关于颜色的评论》(1950—1951年)。

28.《杂评》(1914—1951年)。